# JUAN PABLO II
## el Papa que traspasa fronteras

# JUAN PABLO II
## el Papa que traspasa fronteras

Traducido por Francisco Ortiz Chaparro

*Publicado por* **Pearson Educación**

Nueva York • Londres • San Francisco • Toronto • Sydney • Tokyo • Singapur • Hong Kong • Cape Town
Madrid • Amsterdam • Munich • París • Milán • México • Buenos Aires • Bogotá

JUAN PABLO II
el Papa que traspasa fronteras

© 2003 respecto a la primera edición en español por:
Pearson Educación S.A.
Ribera del Loira, 28
28042 Madrid


ISBN: 84-205-4018-8
Depósito Legal: M. 18.477-2003


PRENTICE HALL es un sello editorial autorizado
de PEARSON EDUCACIÓN, S.A.


Traducido de: *Pope John Paul II. Reaching out across borders*
Published by Pearson Education Inc.
Publishing as Reuters Prentice Hall
© 2003 Reuters
ISBN: 0-13-140803-8


Equipo editorial:
Editora: Adriana Gómez Arnau
Asistente editorial: Mónica Santos

Equipo de producción:
Director: José Antonio Clares
Técnico: José Antonio Hernán

Fotografía de cubierta: Gary Hershorn © 2002 Reuters

Diseño de cubierta: Equipo de diseño de PEARSON EDUCACIÓN, S.A.
Composición: COPIBOOK, S.L.
Impreso por: Closas-Orcoyen, S. L.
Polígono Igarsa. Paracuellos de Jarama (Madrid)

IMPRESO EN ESPAÑA - PRINTED IN SPAIN

# Contenido

# Un gran humanista

## por Mijail Gorbachov

La gente dice que las cosas quedan más claras cuando uno puede echar la vista atrás y ver los acontecimientos con la ventaja que da el tiempo.

Es cierto que la perspectiva histórica es vital para apreciar la estatura de una persona, y su visión. Casi un cuarto de siglo de actividad pastoral por parte de Su Santidad Juan Pablo II nos permite dar un crédito real a este hombre impresionante.

Me reuní por primera vez con el papa Juan Pablo II hace 14 años. Y esa reunión fue seguida de más conversaciones y de un intercambio de cartas y de ideas. La impresión que saqué del Papa después de esa primera reunión en el Vaticano el 1 de diciembre de 1989 se vio reforzada con el tiempo.

Tanto entonces como ahora, estoy convencido de que la misión de Juan Pablo II es servir a la humanidad. Sus motivos no son nunca mundanos, sus pensamientos no conocen fronteras.

Las creencias y acciones del Sumo Pontífice están impulsadas por un apasionado deseo de mejorar el mundo espiritual, moral y material de cada una de las personas, así como de contribuir al objetivo de un mundo mejor y más pacífico, y a un orden internacional justo. Esto es lo que domina el quehacer espiritual y político de Juan Pablo II.

Todo ello nos ayuda a entender su juicio sobre las sociedades que se solían llamar socialistas y sobre las sociedades capitalistas de hoy en día, empapadas de fundamentalismo liberal.

En todo esto inspira su ardiente deseo de paz y de justicia, su decisiva condena de la guerra y de la violencia, incluido el terrorismo. Aquí están las razones de su firme defensa de la vida humana, en armonía con la naturaleza.

He aquí a un gran humanista que lleva a cabo su misión sin dudar: ese es Juan Pablo II. Uno no puede sino maravillarse de su perseverancia, su energía y su vitalidad.

Deseo desde el fondo de mi corazón que el cielo le permita servir a la Humanidad, bajo la guía de Dios, el mayor tiempo posible.

**Mijail Gorbachov**

Último presidente
de la Unión Soviética
y Premio Nobel de la Paz

# Renovar la faz de la tierra

## por Lech Walesa

La derrota del comunismo y el final de la guerra fría fue un éxito que tuvo muchos padres. Todos ellos merecen que se les reconozca por ayudar a conseguirlo pacíficamente. Pero es imposible no inclinarse, como hijo agradecido, ante el máximo campeón de la causa de la libertad: el papa Juan Pablo II. Yo así lo hago, echando la vista atrás para ver el milagro realizado por el Papa, que dio significado y confianza a nuestros esfuerzos y cambió la faz del mundo.

En el transcurso de su primera peregrinación a Polonia, el Santo Padre pronunció dos frases con un gran significado: «No temáis» y «Renovar la faz de la tierra. De esta tierra». El Papa nos hizo ver lo numerosos que éramos, y nos mostró la fuerza y el poder que teníamos si actuábamos como una sola persona. Dejamos de tener miedo y conseguimos reunir en nuestro sindicato, Solidaridad, a 10 millones de personas, lo que cambió la faz de esta tierra. Hasta entonces, la fuerza real del comunismo se había basado en la debilidad de la sociedad y en nuestro aislamiento en cuanto individuos. Aparte de la fuerza bruta —la milicia, el ejército y los tanques—, los principales pilares de la fuerza comunista eran nuestra debilidad social y nuestra desunión. En 1979 y 1980, esos pilares se vinieron abajo en Polonia. Y su lugar lo ocupó la gran esperanza contenida en la palabra *Solidarność* (solidaridad).

Ellos trataron de acabar con ella. Eso era lo que pretendía la ley marcial. Pero no lo consiguieron. La ley marcial fracasó en su propósito de destruir nuestra unidad. Pusieron severamente a prueba la fe de muchos de nosotros, pero no podían quitarnos nuestra esperanza. Hubo mucho sufrimiento por la pérdida de seres queridos y mucha ansiedad por los que fueron a prisión. Pero, a pesar de todo ello, no pudieron acabar con nuestra solidaridad. Nos retrasaron e hicieron que nos costase tiempo conseguir la libertad. Al final ésta llegó, porque no se nos podía destruir: sobrevivimos. En los momentos más duros, siempre tuvimos en nuestra mente las palabras del Santo Padre. Y seguíamos queriendo cambiar la faz de esta tierra. Después de su peregrinación a su tierra natal, nos sentimos fortificados y fortalecidos. Sentimos que la causa de la libertad era nuestra causa y la causa de millones de personas que deseaban el cambio.

El Papa está con nosotros ahora como lo estuvo entonces. En este mundo nuevo, nos ayuda a afrontar los problemas actuales con toda su personalidad y todo su corazón. En estos tiempos difíciles de destrucción y violencia, aboga por la solidaridad de la humanidad, por construir una civilización del amor, por la compasión con los necesitados, por el diálogo religioso y cultural y por el despertar de la conciencia de los hombres. Está sacando a flote la moralidad en un mundo que se globaliza. Nos da esperanza para construir una paz real y duradera. Porque, sobre todo, lo que necesitamos es esperanza.

**Lech Walesa**

Antiguo presidente de Polonia
y primer líder del movimiento
sindical Solidaridad

El beso. Durante una audiencia general semanal,
el 28 de noviembre de 2001. Paolo Cocco/Reuters

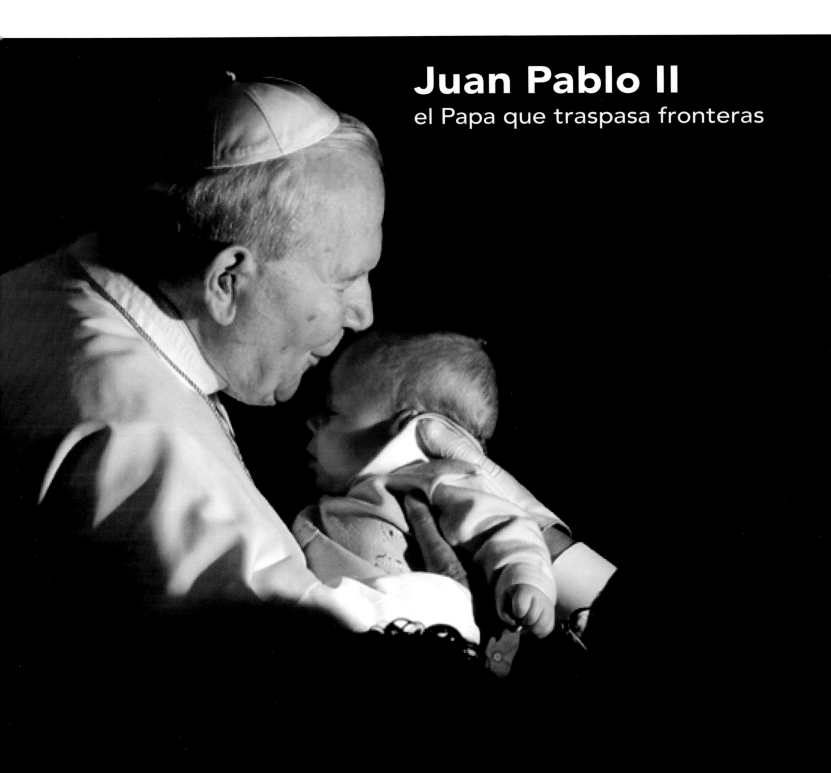

# Juan Pablo II
## el Papa que traspasa fronteras

# De los zuecos de madera a las sandalias del pescador

## Philip Pullella

En agosto de 2002, durante una visita a su Polonia natal, el papa Juan Pablo consagró una nueva basílica en las afueras de su querida Cracovia. Había escrito su discurso semanas antes en el Vaticano, pero cuando lo estaba leyendo, se detuvo. Mirando hacia la muchedumbre, se vio transportado en el tiempo hacia los oscuros días de la Segunda Guerra Mundial. Con los ojos de la mente, veía a un hombre joven que caminaba pesadamente en el crudo frío del invierno del sur de Polonia, moviendo sus labios en una plegaria solitaria de camino a su trabajo en una fábrica de productos químicos dirigida por los ocupantes nazis, a las afueras de Cracovia. Pensando en voz alta, el Papa recordó que el joven llevaba zuecos de madera. Sesenta y dos años después de caminar por esa carretera solitaria, Karol Wojtila se sentaba sobre un trono acolchado de color marfil y era el líder de 1.000 millones de católicos. Había alcanzado un lugar en la historia como verdugo espiritual del comunismo, había sobrevivido a las balas de un asesino, y se había convertido en uno de los rostros más famosos del planeta. «¿Quién hubiera pensado que la persona que llevaba esos zapatos de madera estaría un día consagrando esta basílica?» preguntó, maravillándose y dando gracias a Dios. Los altavoces llevaron su voz temblorosa fuera de la iglesia, a las explanadas repletas de peregrinos. Estas personas, que estaban demasiado apartadas como para poder ver ni siquiera la puerta de la basílica, se encontraban arrodilladas como si estuviesen dentro de ella. El hombre que en su día llevara zuecos, un hijo de la tierra sobre la que se hincaban sus rodillas, era el sucesor de San Pedro, el apóstol que lanzó sus redes en el mar de Galilea 2.000 años antes. Ahora llevaba las sandalias del pescador.

La historia de Karol Wojtila hubiera sido, en el mundo de los negocios, la clásica historia del que llega a rico después de haber vestido harapos, el cuento de un pobre chico que empezó desde abajo y desafió al destino para alcanzar la cumbre. Un Papa es el «consejero delegado» de la institución más antigua de la historia, y puede decirse que es una posición única en el mundo. Es el líder de una Iglesia de la que han salido algunos de los más grandes santos, artistas y pensadores de la historia, al igual que algunos de los más notorios pecadores, militaristas y bribones. Es consejero delegado de una organización que lo rige todo, desde las grandes basílicas urbanas hasta las capillas del pueblo más escondido, desde universidades a colonias de leprosos, desde hospitales con tecnología punta en lugares como Manhattan, a clínicas con techo de zinc en lugares las favelas de Río de Janeiro. Las órdenes dictadas bajo los auspicios del papado desde las oficinas decoradas con frescos de la administración central de la Iglesia en el Vaticano, afectan a todos los aspectos de la vida católica. Tratan de asuntos de moralidad sexual, de bioética, de la participación de los sacerdotes en la política, del papel de las mujeres en la Iglesia, del uso adecuado de algo tan íntimo como el sacramento de la confesión, o de cómo llegar a millones de personas a través de algo tan público como Internet. Monarca absoluto en una ciudad estado vallada de 43 hectáreas, a la que ha llamado a menudo «prisión», el Papa puede dirigir el escenario mundial, pero puede también verse como una figura solitaria que se recorta en la ventana desde la que contempla la plaza de San Pedro. Se le puede comparar a Cristo mirando desde su cruz de madera en el Gólgota: amado por unos, despreciado por otros, mal comprendido por muchos, y vigilado. Cristo confió su Iglesia a Pedro y le dio las llaves del Reino. Después de 2.000 años y 263 papas, Karol Wojtila se convirtió en el primer papa no italiano en 455 años, y en el más joven en 150 años. A sus 58 años de edad, le tocó convertirse en el guardián de las llaves.

## Pastor, hombre de estado, obispo

En la tarde del día 10 de septiembre de 1987, un reluciente avión jumbo pintado con los colores blanco, verde y rojo, distintivos de la compañía aérea italiana Alitalia, aterrizó en el aeropuerto internacional de Miami, después de un vuelo de 10 horas desde Roma. Tras parar los motores, el piloto y el copiloto se inclinaron fuera de las ventanas de la cabina para decorar el morro del Boeing 747 con la bandera amarilla y blanca del Vaticano. El Papa es un líder religioso, pero también un jefe de Estado. Esperándole en la pista estaba el presidente Ronald Reagan. El Papa y Reagan veían el mundo de forma diferente, pero compartían su aversión por el comunismo. En un encuentro privado en una mansión de estilo mediterráneo, hablaron de las relaciones de Estados Unidos con la Unión Soviética, así como del líder de ésta, Mijail Gorbachov, que se estaba labrando un nombre con sus políticas de *perestroika* y *glasnost*. El Papa habló a Reagan de su sueño de una Europa unida «del Atlántico a los Urales», como le gustaba decir. Tres meses después, Reagan visitaba Berlín, la ciudad dividida en la línea del frente de la Guerra Fría, y pronunciaba su famoso reto: «Señor Gorbachov, derribe el muro». George Herbert Walker Bush era vicepresidente en ese momento. Después de suceder a Reagan en 1989, el muro de Berlín acabó derribándose. Las vidas de estos cuatro hombres —Reagan, Bush, Gorbachov y Wojtila— estaban convergiendo de una forma que cambiaría la historia.

Aquella misma tarde, en Miami, Juan Pablo II se reunió con representantes de los consejos sacerdotales de todo Estados Unidos. La atmósfera era alegre y amigable, pero algunos de los mensajes lanzados por los sacerdotes fueron directos. Uno de ellos, el padre Frank McNulty, habló del anhelo de las mujeres por conseguir puestos

«A la ciudad y al mundo». La plaza de San Pedro el Domingo
de Resurrección durante la tradicional bendición *Urbi et Orbe*,
7 de abril de 1996. Fotografía del Vaticano

de mayor responsabilidad en la Iglesia católica. Algunos
vieron el discurso de McNulty como un llamamiento claro a
abrir el sacerdocio a las mujeres, algo que la Iglesia rechazaba.
Al reparar en el apellido irlandés de McNulty, Juan Pablo II le
respondió con el título de una famosa canción que trataba de
una ciudad de Irlanda. *Hay un largo camino hasta Tipperary,*
dijo. Pronunciando la frase con la entonación del actor que
fue, Juan Pablo II hizo que el lugar casi se viniera abajo con

las risas. Ambas partes habían expuesto sus planteamientos.
Pero el Papa tenía la última palabra.

Las primeras horas del Papa en tierra durante su visita a
Estados Unidos proporcionaron una muestra, a pequeña
escala, de sus distintas facetas. Pronunció sus primeras
palabras a su llegada como pastor de los 65 millones de
católicos de los Estados Unidos. En ellas manifestó su

Recogido en oración. Basílica de St. Remy, Reims, Francia,
22 de septiembre de 1996. Paul Hanna/Reuters

preocupación, como figura paternal, por el creciente
número de pobres y de hispanos que se habían quedado
atrás durante la «generación del yo»* que coincidió con la

presidencia de Reagan. En sus conversaciones privadas con
Reagan, habló cara a cara con el líder de la nación más
poderosa del mundo sobre temas de consecuencias políticas
globales. En la reunión con sus sacerdotes, asumió el papel
de ejecutivo de una empresa, escuchando las
preocupaciones del personal y dando el equivalente papal a
las palabras de ánimo corporativas.

* Se llama «generación del yo» (*Me Generation*) a la generación de los años
ochenta, una generación muy individualista centrada en el culto al dinero y
al propio cuerpo. «Una generación egoísta que concebía las relaciones
sociales como un juego de suma cero», en palabras del profesor Antonio
Argandoña. Como dice el profesor de metafísica Alejandro Llano
(www.arvo.net): «la conciencia del "yo" individual se ha exacerbado, o al
menos descompensado, en toda una generación, a la que se ha denominado
precisamente "me generation" o "generación del yo". (*N. del T.*)

## Cronología del papa Juan Pablo II

**1920** 18 de mayo. Nace Karol Jozef Wojtyla, en Wadowicw, Polonia.

**1939** Los nazis invaden Polonia. Empieza la Segunda Guerra Mundial.

**1946** Ordenado en Cracovia, completa sus estudios en las universidades pontificias de Roma y regresa a Polonia.

**1958** Consagrado obispo auxiliar de Cracovia.

**1964** Nombrado arzobispo de Cracovia.

**1967** Hecho cardenal por el papa Pablo VI.

**1978** 16 de octubre. Elegido primer Papa no italiano desde Adriano VI. Toma posesión seis días más tarde.

**1979** Regresa a Polonia. El viaje se convierte en un importante factor para el surgimiento del movimiento Solidaridad.

**1981** 13 de mayo. El pistolero turco Mohamed Alí Agca dispara y hiere gravemente al Papa en la plaza de San Pedro. Una intervención quirúrgica de emergencia en un hospital de Roma le salva la vida.

**1982** En la víspera del primer aniversario del intento de asesinato por parte de Agca, un cura español rebelde trata de apuñalar al Papa en el santuario mariano de Fátima, Portugal; el Papa resultó ileso.

**1982** Visita Gran Bretaña. Como acto de reconciliación con los anglicanos, reza junto al Arzobispo de Canterbury.

**1986** Realiza la primera visita de un pontífice a una sinagoga. Reza con el rabino principal de Roma en lo que supone un gran avance en las relaciones de los católicos y los judíos.

**1989** El Papa y el Arzobispo de Canterbury se comprometen a trabajar para reanudar la armonía entre las Iglesias anglicana y católico romana.

**1989** Encuentro histórico con el presidente soviético Mijail Gorbachov que da la vuelta a 70 años de ideología atea.

**1991** Hace el primer viaje a su tierra natal desde la caída del comunismo.

**1992** Se somete a una importante operación quirúrgica para quitarle un gran tumor intestinal.

**1992** La decisión de la Iglesia anglicana de autorizar el sacerdocio de las mujeres hace que sus relaciones con el Vaticano experimenten un gran enfriamiento.

**1992** Se publica el nuevo *Catecismo Universal* de la Iglesia católica romana, el primero en casi cinco siglos.

**1993** El Vaticano e Israel establecen plenas relaciones diplomáticas en lo que supone el movimiento más importante para terminar con casi 2000 años de desconfianza entre cristianos y judíos.

**1994** Se somete a una operación ósea después de romperse la pierna en una caída en el Vaticano.

**1994** En una carta a los obispos del mundo, el Papa reafirma vigorosamente la prohibición de la Iglesia católica del sacerdocio de las mujeres.

**1995** El documento papal *Evangelium Vitae* (el evangelio de la vida) aboga por la oposición no violenta de todos los cristianos al aborto y a la eutanasia.

**1998** El Vaticano se disculpa ante los judíos en nombre los católicos que no hicieron lo suficiente para detener la persecución nazi.

**2000** El Papa pide perdón por los pecados de la Iglesia en el pasado, incluyendo su comportamiento con de los judíos, los herejes, las mujeres y las minorías.

**2000** Realiza un viaje histórico a Tierra Santa, y visita los lugares sagrados en Israel y en los territorios palestinos.

**2000** Durante la visita papal a Fátima, Portugal, el Vaticano revela el denominado «tercer secreto de Fátima», que predecía el atentado contra la vida del papa en 1982.

**2001** En su primer mensaje a través de Internet, el papa pide perdón a las víctimas de abuso sexual por parte de sacerdotes y de otros miembros del clero.

**2002** En su discurso anual sobre el «estado del mundo», el Papa dice que la lucha contra el terrorismo es legítima, y que matar en el nombre de Dios es blasfemo.

**2002** Reunión de emergencia en la cumbre con los cardenales de la Iglesia católica de Estados Unidos para tratar del escándalo sexual con niños que sacudió a la Iglesia americana.

**2002** 16 de octubre. Se cumple el 24 aniversario de su elección como Papa.

### Papas desde Adriano VI

|  |  |
|---|---|
| Adriano VI | 1522–23 |
| Clemente VII | 1523–34 |
| Pablo III | 1534–49 |
| Julio III | 1550–55 |
| Marcelo II | 1555 |
| Pablo IV | 1555–59 |
| Pío IV | 1559–65 |
| San Pío V | 1566–72 |
| Gregorio XIII | 1572–85 |
| Sixto V | 1585–90 |
| Urbano VII | 1590 |
| Gregorio XIV | 1590–91 |
| Inocencio IX | 1591 |
| Clemente VIII | 1592–1605 |
| León XI | 1605 |
| Pablo V | 1605–21 |
| Gregorio XV | 1621–23 |
| Urbano VIII | 1623–44 |
| Inocencio X | 1644–55 |
| Alejandro VII | 1655–67 |
| Clemente IX | 1667–69 |
| Clemente X | 1670–76 |
| Beato Inocencio XI | 1676–89 |
| Alejandro VIII | 1689–91 |
| Inocencio XII | 1691–1700 |
| Clemente XI | 1700–21 |
| Inocencio XIII | 1721–24 |
| Benedicto XIII | 1724–30 |
| Clemente XII | 1730–40 |
| Benedicto XIV | 1740–58 |
| Clemente XIII | 1758–69 |
| Clemente XIV | 1769–74 |
| Pío VI | 1775–99 |
| Pío VII | 1800–23 |
| León XII | 1823–29 |
| Pío VIII | 1829–30 |
| Gregorio XVI | 1831–46 |
| Beato Pío IX | 1846–78 |
| León XIII | 1878–1903 |
| San Pío X | 1903–14 |
| Benedicto XV | 1914–22 |
| Pío XI | 1922–39 |
| Pío XII | 1939–58 |
| Beato Juan XXIII | 1958–63 |
| Pablo VI | 1963–78 |
| Juan Pablo I | 1978 |
| **Juan Pablo II** | **1978–** |

*Fuente: Reuters*

## Una Iglesia dividida

Juan Pablo II se veía a sí mismo como obispo del mundo. Su estilo pastoral no cambió mucho después de su elección. Con anterioridad a 1978, cuando era jefe de la diócesis de Cracovia, se propuso visitar las parroquias regularmente. Después de su elección como Sumo Pontífice, cualquier trozo de tierra donde morase un católico se convirtió en un rincón de su «super-diócesis». Pero tanto cuando volaba a otro lugar del mundo como cuando viajaba dentro de Italia, el Papa estaba cuidando de una Iglesia dividida. Quizás no estuviera más dividida que en otros periodos de su tortuoso pasado, pero los medios de comunicación modernos hacían posible que todos los católicos del mundo tomasen parte en debates que durante mucho tiempo habían estado reservados a una elite. Así, por ejemplo, en 1985, Leonardo Boff, un sacerdote franciscano que había provocado la ira del Vaticano por algunos de sus escritos sobre la «teología de liberación», fue convocado a Roma desde Brasil e interrogado por la Congregación de la Doctrina de la Fe, sucesora del departamento conocido en su momento como la Inquisición. El Vaticano criticó a Boff y a otros «teólogos de la liberación» por utilizar en sus escritos el análisis marxista, apoyando con ello, proseguía la argumentación, una lucha de clases divisora y potencialmente violenta. Boff se encontró con una multitud de reporteros revoloteando a su alrededor cuando salió del Vaticano después de la reunión. En una escena digna de una película de Fellini, periodistas y fotógrafos en moto persiguieron a su coche hasta un convento en el barrio de Aurelio de Roma, colina arriba desde el Vaticano. Menos de una hora después de que terminara la reunión, la voz del franciscano saltó a las ondas en las radios brasileñas, y esa noche, Boff, con su cabello ondulado, hábito franciscano marrón y gafas de concha de tortuga de aspecto académico, defendió sus puntos de vista en las televisiones de todo el mundo. Como contraste, cuando Galileo fue arrastrado ante el Tribunal de la Inquisición en 1632 por defender la teoría de Copérnico de que la Tierra se movía alrededor del Sol, la mayor parte de los católicos no se enteraron del juicio durante décadas. Como ocurrió con la guerra de Vietnam, en la que por primera vez el conflicto bélico se coló en los cuartos de estar gracias a la televisión el papado de Juan Pablo II fue también el primero que entró en los cuartos de estar. Los medios de comunicación fueron las comadronas del papado más visible de la historia, y quizás del más significativo, memorable e influyente desde la Reforma.

En su papel de pastor, el Papa descubrió que casi todo el mundo amaba al mensajero, pero no todo el mundo amaba

Varias monjas se acercan al Papa durante sus vacaciones en la región italiana del Valle de Aosta, 16 de julio de 2000.
Claudio Papi/Reuters

el mensaje. En los países desarrollados, los países de Estados Unidos y Europa Occidental, muchas personas que integraban las multitudes que adoraban al Papa lloraban de alegría cuando le veían considerándolo verdaderamente como el vicario de Cristo en la tierra. Pero también disentían, en privado o en público, de algunas de las enseñanzas de la Iglesia. Muchos utilizaban el control artificial de la natalidad en lugar de los métodos naturales de planificación familiar aprobados por la Iglesia, o no estaban de acuerdo con la prohibición del sacerdocio de las mujeres o con la calificación de la homosexualidad como un «desorden». A pesar de ello, se consideraban a sí mismos no solamente católicos sino, en algunos casos, buenos católicos. Nosotros, en los medios de comunicación, con nuestro insaciable apetito por los rumores, llamamos a esto «catolicismo de cafetería» (tomar lo que se quiere y dejar el resto). El Papa se oponía a esta visión, pero no le sorprendía. Una vez dijo: «No soy el primero en suscitar el desacuerdo. ¿Quién fue el primero? Jesucristo». La afirmación habla por sí sola de una institución que piensa en siglos y que ha sobrevivido a las edades históricas sin haber tenido que reinventarse a sí misma a cada giro de la historia, a cada conmoción social.

En los meses que precedieron al viaje de Juan Pablo II a Estados Unidos en 1987, los católicos americanos sufrieron el llamado asunto Curran. El padre Charles Curran, que enseñaba en la Universidad Católica de América en Washington, había cuestionado ampliamente las enseñanzas de la Iglesia sobre una serie de asuntos sexuales. Curran llamó a sus observaciones «disentir en la fe», afirmando que era legítimo cuestionar tales enseñanzas porque no habían sido definidas de forma infalible. Después de que Curran rehusara retractarse, el cardenal Ratzinger, al frente de la Congregación para la Doctrina de la Fe, decidió que aquél no podía seguir enseñando como teólogo en una institución católica. Aunque los católicos conservadores aplaudieron, el asunto se hizo célebre entre los católicos que decían que su Iglesia debía cambiar más para adaptarse a los tiempos. El mensaje del Vaticano era que las reglas no se podían poner en cuestión simplemente porque fuesen difíciles de observar. «La Iglesia católica no es una institución democrática —dijo en aquel momento el Papa—. Es una institución gobernada por Jesucristo; una institución teocrática. Nosotros no somos más que sirvientes de un jefe, de un pastor. Solamente somos sus instrumentos, sus enviados.»

## El grito de los pobres

La mayor parte de los católicos de los países en vías de desarrollo no ha oído hablar nunca de Curran, de Ratzinger ni de ninguno de los nombres que surgieron del círculo académico de Georgetown en ese año. También eran católicos, sin embargo. Uno de ellos era una mujer que vivía en un famoso suburbio conocido como El Guasmo, cerca de Guayaquil, Ecuador, país que el Papa visitó en 1985. Las casas de bambú estaban construidas sobre pilares. En la estación lluviosa, el agua de lluvia se mezclaba con las aguas residuales. La única decoración en la única habitación de la casa era un retrato del Papa recortado de una revista. En éste y en todos los lugares de América Latina, África y Asia, los temas recurrentes en todos los viajes del Papa eran los derechos humanos y la abolición de la pobreza. Él apoyó la reforma agraria en Brasil y el reconocimiento de los derechos de los indios en México, respaldó la lucha de los mineros en paro en Bolivia y levantó su puño con rabia contra la guerrilla maoísta de Sendero Luminoso que estaba aterrorizando a los campesinos de las montañas peruanas. Pero los sacerdotes que adoptaron las causas izquierdistas en Latinoamérica debían aprender que tendrían que ayudar a los pobres a su manera. El evangelio de Jesucristo, diría a menudo el Papa en esos años turbulentos, era la única ideología que necesitaban. Fue suficiente para ayudarle a él en los tiempos del nazismo y del comunismo en Polonia, y también tendría que ser suficiente para ellos. «Yo he aprendido lo que es la explotación y me he puesto inmediatamente del lado del pobre, del desheredado, del oprimido, del alienado y del indefenso —dijo al periodista italo-polaco Jas Gawronski—. El poderoso de este mundo no siempre contempla favorablemente a un Papa así.»

Algunos críticos decían que el Papa se equivocaba al reunirse con algunos de los hombres «poderosos de este mundo», como el presidente de Filipinas Ferdinand Marcos, el dictador de Haití *Papa Doc* Duvalier, el presidente de Chile general Augusto Pinochet y los líderes de Suráfrica antes del final del *Apartheid*. Pero el Papa siempre sintió que el diálogo era muchísimo mejor que el rechazo público o el aislamiento. Se sabe que ha leído la cartilla a algunos de los líderes más fuertes en sus encuentros privados después de sonreír para las cámaras en público. Preguntado una vez si el hecho de que se reuniera con un dictador no equivalían a un reconocimiento, o si no corría el riesgo de que se sacara partido del encuentro, el Papa respondió: «¿Cuándo no se ha sacado partido de una visita del Papa?» Aunque es un intelectual, un poeta, un actor, un dramaturgo y un prolífico escritor, la afinidad de Juan Pablo II con los católicos de los países en desarrollo está basada, al menos en parte, en su amor por la «piedad popular» que prevalecía en la Polonia de su juventud: las procesiones por las calles cantando y llevando imágenes de la Virgen, el rezo del rosario en público, el recorrido por los bosques meditando sobre las 14 estaciones del *vía crucis,* que recuerda los acontecimientos de la pasión y muerte de Cristo. Para el Papa, no se trataba de simplificaciones ideadas para apaciguar a los campesinos o hipnotizar a las masas, sino de semillas de la fe que, a finales del siglo XX, estaban desapareciendo de muchos lugares del mundo, pero que todavía se mantenían en Latinoamérica. Y que, a menudo, jugaban en la mente de Karol Wojtila cuando recordaba su juventud en Polonia.

# Un chico polaco

Se puede sacar al joven de Polonia, pero no se puede sacar Polonia del joven. No hay exageración posible cuando se habla del significado que Polonia ha tenido en la vida del

Papa; igualmente imposible es exagerar el significado del Papa en la Polonia moderna. Su enorme estatura tiene pocos paralelismos en la rica y atormentada historia de partición, resistencia y ocupación del país. Otro hijo famoso, Nicolás Copérnico, revolucionó la astronomía, pero el Papa ha revolucionado la autoestima de los polacos. Compositores románticos del siglo XIX como Federico Chopin y poetas como Adam Mickiewicz pueden haber interpretado el espíritu rebelde de Polonia, pero muchos polacos creen que el Papa lo liberó. El Papa cree que la providencia ha actuado con mano divina en todo. Lo importante era ser capaz de reconocerlo y actuar en consecuencia. Eso fue lo que aconteció en 1981. Un electricista polaco de los astilleros de Gdansk, llamado Lech Walesa, encontró el coraje suficiente para hacer lo impensable: declarar una huelga en un país comunista. El Papa lo apoyó desde Roma. A pesar de las muchas pruebas y tribulaciones para su tierra natal, incluidos dos años de ley marcial, proporcionó el combustible para mantener vivo el fuego de la libertad. Utilizando su púlpito mundial para defender su tierra natal, inyectó a sus paisanos el coraje que derribó al comunismo en 1989. Después de Polonia vino Europa del Este. El efecto dominó que barrería la región fue principalmente una revolución social no violenta. El 1 de diciembre de 1989, Gorbachov se reunió con el Papa en el Vaticano y le alabó como un líder moral. Fue un acontecimiento que dio la vuelta a más de 70 años de ideología soviética. No hay forma de saber cómo hubiera evolucionado la historia si el Papa hubiera guardado silencio o hubiera sido más precavido en sus comentarios. Quizás los sucesos de 1980 en Polonia hubieran acabado como otra señal en el radar de la historia del comunismo, al igual que el Levantamiento de Hungría en 1956 o la Primavera de Praga en 1968. El Papa estaba convencido de que la huelga de los astilleros de 1980 era el comienzo de algo grande. Pero también estaba convencido de que primero él y su Iglesia tenían que sufrir algo más.

## Sufrir por el Reino

Sufrir. Se trata de una constante de la vida y del papado de Karol Wojtyla. El extraordinario periplo de dolor —tanto emocional como físico— comenzó cuando sólo tenía ocho años. Cuando era joven, estaba convencido de que el sufrimiento tenía un gran significado espiritual y redentor. Las circunstancias de sus primeros años serían suficientes para hacer a mucha gente dudar de la misma existencia de Dios, pero para el joven Lolek, como le llamaban sus amigos, eran

Vejez y juventud. El Papa contempla a una niña que recibe la Primera Comunión de su mano durante una misa en la basílica de San Pedro, el 24 de mayo de 2001. Paolo Cocco/Reuters

Tras las huellas de Jesús. En Korazim, Israel, donde Jesús pronunció su sermón de la montaña. 24 de marzo de 2000.
Vincenzo Pinto/Reuters

una parte de la prueba. Un mes antes de su noveno cumpleaños, Karol Wojtyla perdió a su madre. De salud frágil desde su nacimiento, Emilia sucumbió a un problema de corazón el 13 de abril de 1929, un poco antes de su 45 cumpleaños. En 1932, su hermano mayor Edmund, médico y orgullo de la familia, héroe personal de Karol Wojtyla, murió de escarlatina. Karol Wojtyla tenía sólo doce años. Su padre Karol, suboficial retirado del ejército austrohúngaro, se convirtió en el centro de su universo. Primero en su ciudad natal de Wadowice y más tarde en Cracovia, adonde se trasladaron en 1938 para que Karol pudiese estar cerca de la Universidad Jagiellona, la oración y la austeridad fueron el santo y seña de la vida privada de los dos hombres. «Un día tras otro podía observar la forma austera en que vivía», escribió el Papa sobre su padre en sus memorias de 1996, *Ofrenda y misterio*. «Él era soldado de profesión, y tras la muerte de mi madre, su vida se convirtió en una plegaria constante. A veces me despertaba durante la noche y encontraba a mi padre arrodillado, de la misma forma en que lo veía siempre en la iglesia parroquial.» Un año después de que los dos se trasladaran a Cracovia, Alemania invadió Polonia desde el oeste, y la Unión Soviética avanzó desde el este. El 5 de octubre de 1939, algo más de un mes después de que comenzase la guerra, Hitler pasó revista a sus tropas en Varsovia, y en el aire estaba la posibilidad de un genocidio polaco. Para evitar que lo deportasen, Karol trabajó como obrero manual para la empresa química Solvay, primero en la cantera de Zakrzoweck y después en la fábrica de Borek Falecki. La experiencia de sudar cargando piedra caliza haría que se le pudiera calificar el primer «papa obrero» de la historia moderna, le separó de los que no habían conocido nunca los rigores del trabajo manual, y le diferenció de los que habían sido preparados desde el nacimiento para grandes cosas en las buenas familias italianas. «Yo estaba presente cuando, al detonar una carga de dinamita, algunas rocas golpearon a un trabajador y lo mataron —escribió en su libro de recuerdos—. La experiencia me dejó una profunda impresión.» El 18 de febrero de 1941, Karol Wojtyla regresó a casa, al húmedo apartamento del sótano que compartía con su padre, para encontrarse con que el centro de su universo había muerto. Karol Wojtyla padre había estado en cama dos meses, y murió mientras su hijo estaba trabajando. El Papa diría más tarde al escritor francés André Frossard: «A los veinte años había perdido ya a todas las personas a las que quería, e incluso a las que hubiera podido querer, como mi hermana mayor, que murió seis años antes de que yo naciese». Durante los cuatro años siguientes, hasta el final de la guerra, Wojtyla vio la muerte muy de cerca en Cracovia. «A veces me preguntaba a mí mismo: tantas personas jóvenes de mi edad están perdiendo la vida; ¿por qué no yo? Hoy sé que no se trataba de una mera casualidad», escribió en *Ofrenda y misterio*.

Después de la guerra, comenzó casi medio siglo de opresión comunista. Pero incluso después de que el cardenal Karol Wojtyla dejase su amada Polonia, el sufrimiento no terminó. El 12 de octubre de 1978, un día antes de que Wojtyla entrase en el cónclave de cardenales del que iba a salir como Papa, su viejo amigo de los días del seminario, el obispo Andrzej Maria Deskur, sufrió un derrame cerebral en Roma. Más tarde, Wojtyla iba a ver también esto como un sufrimiento personal ligado de alguna manera por la providencia divina a su elección, como un peso añadido a la cruz que sentía que tenía que llevar. El Papa creía que el sufrimiento podía convertirse en una fuente de paz interior e incluso espiritual. Y para el Papa habría de ser mucho más.

## Sangre en la Plaza de San Pedro

A las 5.17 de la tarde del 13 de mayo de 1981, el Papa iba de pie en su blanco «papamóvil» por la plaza de San Pedro hacia la escalinata de la iglesia mayor de la cristiandad para comenzar su audiencia general semanal. El «papamóvil» aminoró su marcha para que el Papa pudiera besar a Sara Bartoli, una niña que llevaba un globo. Mohamed Alí Agca, un turco de 23 años, sacó una pistola Browning de 9 mm y disparó dos tiros desde unos tres metros. Una bala hirió al Papa en el abdomen; la otra impactó en su codo derecho y en el dedo índice de su mano izquierda. Las balas continuaron su trayectoria hiriendo a dos turistas americanas, Anne Odre y Rose Hall. El Papa perdió la consciencia cuando llegó al hospital Gemelli, y su secretario de muchos años, monseñor Stanislaw Dziwisz, le administró el sacramento de los enfermos, conocido antes como extremaunción, o últimos sacramentos. Una intervención de cinco horas y media efectuada por el doctor Francesco Crucitti le salvó la vida. Ese día llegaron al Vaticano más de 15.000 telegramas que expresaban el choque emocional. Uno era del líder soviético Leonidas Breznev.

El Papa perdonó públicamente a Agca en una declaración radiada desde la cama de su hospital cuatro días más tarde, diciendo que estaba «rezando por ese hermano que me disparó». Agca fue sentenciado a cadena perpetua el 22 de julio. Pocos en el Vaticano o en la Casa Blanca creían que hubiera actuado solo. Pero en 1985, un segundo juicio fracasó en su intento de proporcionar suficientes pruebas para acusar a tres turcos y a tres búlgaros de haber conspirado con Agca para

*(continúa en pág. 14)*

La majestuosidad de la montaña. Contemplando los Dolomitas durante unas vacaciones en el norte de Italia, el 15 de julio de 1996. Fotografía del Vaticano

# El día en que dispararon al Papa

**Por Philip Pullella**

«Han disparado contra el Papa. Llévame a la plaza de San Pedro. Te pagaré lo que quieras.»

Éstas fueron las palabras que grité a un adolescente al tiempo que saltaba encima de su Vespa en Largo Argentina, Roma, una plaza a medio camino entre mi oficina y el Vaticano. Era el 13 de mayo de 1981. Mi editor había oído en una emisora de radio, en directo, que habían sonado varios disparos en la plaza de San Pedro cuando el Papa iba a comenzar su audiencia semanal. Oyó decir al excitado comentarista radiofónico que el Papa había caído en su «papamóvil» y que el coche se dirigía a toda prisa de vuelta hacia los muros del Vaticano.

Salí de nuestra oficina cerca de la Fontana de Trevi y tomé un taxi. Impaciente por culpa del tráfico, dejé el taxi en Largo Argentina y paré a un adolescente que iba en Vespa. Le dije que se saltara los semáforos en rojo. Cuando cruzamos el Tíber por el puente Vittorio, reparé en que la policía había dispuesto un control al principio de la Vía de la Conciliación, el amplio bulevar que va del Tíber al Vaticano.

«Aminora la marcha, pero no te detengas —le dije al muchacho—. No van a dispararnos.» Cuando pasé junto a la policía, saqué mis credenciales ante el Vaticano y grité al policía: «Soy del Vaticano». Funcionó y pasamos rápidamente. Todo el tiempo iba pensando: «¿Qué ocurriría si...?».

En la plaza de San Pedro, me encontré con una atmósfera de atónita incredulidad. Hombres, mujeres y monjas sollozando por todas partes. Los niños lloraban porque sus padres gritaban y se llevaban las manos a la cabeza. La gente parecía desolada. Las sirenas aullaban. En una plataforma, delante de la basílica, el trono blanco del Papa permanecía vacío.

A Mohamed Alí Agca, el turco que disparó al Papa con una Browning de 9 mm, lo habían llevado ya a la sede central de la policía romana. El Papa luchaba por su vida en el hospital Gemelli. Parece ser que nadie durmió esa noche. Nos mantuvimos a la escucha de Radio Vaticano hasta después del amanecer, esperando el lúgubre anuncio que muchos temían iba a producirse. Gracias a Dios, no se produjo.

Pocos días después del atentado, fui al hospital Santo Spirito, cerca del Vaticano, para tratar de entrevistar a las dos mujeres americanas heridas junto al Papa, Anne Odre y Rose Hall. Eran las 11.45 de la mañana del domingo 17 de mayo de 1981. Un joven sacerdote americano que se encontraba delante de la puerta de su habitación me dijo que no podía pasar.

Le dije que dentro de 15 minutos el Papa iba a hablar por radio desde su cama del hospital. Seguramente iba a nombrar a las mujeres heridas, y yo tenía una radio portátil. Entonces me dejó entrar. El Papa hizo su alocución en italiano, perdonó a Agca y dijo que se sentía cercano a las mujeres que habían sido heridas con él. Traduje al inglés las palabras del Papa para las dos mujeres, que rompieron a llorar.

En esos momentos estaba ya claro que el Papa sobreviviría. Pero estaba también claro que estábamos viviendo uno de los actos criminales más misteriosos de todos los tiempos.

¿Por qué lo hizo Agca? ¿Lo hizo solo? Éste es un misterio que he estado persiguiendo durante años. Cubrí la información de los dos juicios que se le hicieron a Agca por asesinato y conspiración, y hablé con él durante unos cinco minutos durante una pausa en una de las audiencias, a mediados de los ochenta. Agca es uno de los personajes más intrigantes, enigmáticos y a veces aterradores que me he encontrado nunca. No hubo pruebas suficientes que demostraran una conspiración. Pero aún hoy no creo que actuara solo. Y espero estar vivo cuando se abran los archivos que permitan arrojar luz sobre el atentado.

Pienso a menudo en ese chico que me llevó en su Vespa a la plaza de San Pedro esa tarde de mayo de hace 20 años. Pienso a menudo que habrá sido de él. Al final se negó a aceptar mi dinero.

Sangre en la plaza de San Pedro. Retorciéndose de dolor en el «papamóvil», momentos después de ser tiroteado por el pistolero turco Mohamed Alí Agca, el 13 de mayo de 1981.
Fotografía del Vaticano

Lo impensable. Un ayudante, nervioso, sostiene al Papa herido instantes después del intento fallido de asesinato por parte del pistolero turco Mohamed Alí Agca, el 13 de mayo de 1981. Fotografía del Vaticano

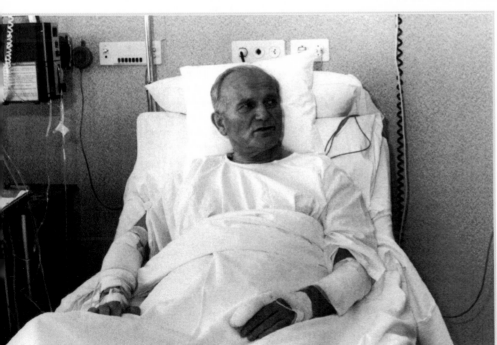

El Papa herido, recuperándose en su cama del hospital, seis días depués del intento de asesinato, el 19 de mayo de 1981. Fotografía del Vaticano

matar al Papa. La conexión búlgara —la teoría de que el KGB soviético había contratado a los servicios secretos búlgaros para matar al Papa— había sido echada por tierra. Que se hubiera formado un complot para matar al Papa por su apoyo a los cambios en Polonia era una teoría fascinante y altamente plausible para muchos, pero que no se pudo probar. El 27 diciembre de 1983, el Papa visitó a Agca en su celda en la prisión de alta seguridad de Rebibbia, Roma. El encuentro tuvo lugar en una atmósfera confesional, con un toque surrealista. Los dos se sentaron en sillas de plástico negras cerca de un radiador, debajo de una ventana con barrotes. Agca, que llevaba un jersey azul claro, pantalones vaqueros y zapatos deportivos, hablaba a

menudo al oído izquierdo del Papa, casi rozando su cara con su incipiente barba. Más tarde, el Papa cortó en seco a los reporteros que le preguntaban si tenía una idea más clara de por qué le había disparado Agca. «Lo que hablamos sobre eso es un secreto entre nosotros. Le hablé como lo habría hecho a un hermano al que he perdonado y que tiene mi confianza.» Para el Papa, era una consideración secundaria quien pudiera haber estado detrás del intento de asesinato. El dolor emocional y físico de los disparos formó parte, una vez más, del sufrimiento que sentía que tenía que experimentar para el bien de la Iglesia, su país y el mundo. En 1992, sufrió una operación para quitarle un tumor de colon del tamaño de una naranja que el Vaticano

Perdón. El Papa visita al que pudo haber sido su asesino en su celda de la prisión de Roma, y le perdona. 27 de diciembre de 1983. Fotografía del Vaticano

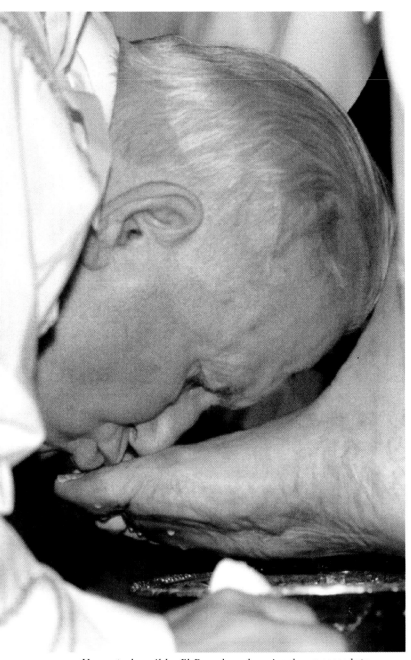

Un gesto humilde. El Papa besa los pies de un sacerdote durante una tradicional ceremonia del Jueves Santo en conmemoración de la Última Cena, en la basílica de San Juan de Letrán, Roma, el 13 de abril de 1995.
Luciano Mellace/Reuters

había dicho que empezaba a convertirse en maligno. En 1994, el Papa resbaló en su baño y se rompió el fémur. La operación urgente no logró soldar la fractura adecuadamente y el Papa —que había sido esquiador, senderista y nadador— nunca volvería a caminar normalmente. Fue por esta época cuando empezaron a aparecer signos de la enfermedad de Parkinson. Con los años, su brazo izquierdo temblaría cada vez con más frecuencia fuera de control.

A medida que la edad se fue cobrando su precio, se hizo cada vez más raro oír al Papa hacer los largos e improvisados comentarios que habían constituido una característica de su papado. Pero la vieja chispa del predicador retornó pronto, después de la operación de su pierna, y significativamente fue en uno de los casos en los que vio la necesidad de sufrir por un bien mayor. A finales de mayo de 1994, el Vaticano estaba enfrentado con las Naciones Unidas por los preparativos para la Conferencia sobre la Población que tuvo lugar el mes de septiembre siguiente en El Cairo. El Papa estaba furioso por un lenguaje que parecía sancionar el aborto como un medio de control de la natalidad en los países en desarrollo. Las Naciones Unidas habían declarado el año de 1994 como el de la familia, pero el Papa sentía que la familia estaba siendo «sometida a un asalto» y que él tenía que defenderla. Cuatro semanas en el hospital, dijo, le habían hecho reflexionar. «Comprendí que tenía que conducir a la Iglesia de Cristo al tercer milenio con la oración y con varias iniciativas, pero también vi que esto no era suficiente. Tenía que llevarla (al nuevo milenio) con sufrimiento, con el intento de asesinato de hace trece años y con este nuevo sacrificio», dijo.

## Más allá del milenio

El 24 de diciembre de 1999, el Papa, cubierto con resplandecientes vestimentas verdes, abrió la puerta sagrada de la basílica de San Pedro para inaugurar el año de celebraciones de un nuevo milenio cristiano. La palabra clave para el año era perdón, pero el tema se había ido forjando desde los primeros años de su pontificado. Él había pedido perdón por los errores pasados de los católicos en varios discursos y gestos. Había ofrecido una rama de olivo al mundo de la ciencia, creando una comisión que condujo a la rehabilitación de Galileo. Fue el primer Papa que predicó en una iglesia protestante o que entró en una mezquita. Visitó la sinagoga de Roma, abrazó a su rabino principal, Elio Toaff, y llamó a los judíos «nuestros queridos hermanos mayores». Visitó Alemania y dijo que fueron demasiado pocos los católicos que hicieron frente a Hitler. Rezó por las víctimas del Holocausto en Auschwitz. En la luterana Escandinavia dijo

La palabra. El Papa mantiene en alto el Evangelio durante el acto litúrgico con el que se abría la Puerta Santa para el Año Santo en la basílica de San Pablo de Roma, el 18 de enero de 2000. Vincenzo Pinto/Reuters

que el dolor de la Reforma lo causaron los pecados de los hombres de ambos lados. En Presov, Eslovaquia, se paró para rezar en un monumento a los 24 calvinistas muertos a manos de los católicos en 1687. Pidió perdón a los musulmanes por las cruzadas y a los cristianos ortodoxos por el dolor del Cisma de Oriente. Durante varias visitas a América Latina, lamentó las injusticias perpetradas por los misioneros durante la conquista y colonización del nuevo mundo cuando la cruz y la espada marchaban juntas. Quizás las palabras más explícitas que el Papa haya utilizado para pedir un examen de conciencia por las fechorías de la Iglesia se contengan en un memorándum interno que envió a los cardenales en 1994 y que fue filtrado a los medios de comunicación. «¿Cómo podemos permanecer silenciosos ante tantas formas de violencia practicadas en nombre de la fe, ante las guerras de religión, los tribunales de la Inquisición y otras formas de violación de los derechos de las personas?», preguntó. No es sorprendente que un cierto número de cardenales se opusieran seriamente a las propuestas de solicitar perdón por parte del Papa. Admitir errores pasados era un precedente peligroso. Se resistieron en privado, pero finalmente se pasó por encima de ellos. En unos de los más conmovedores gestos de todo el pontificado, el 26 de marzo de 2000 el Papa dejó una nota en el Muro de las Lamentaciones de Jerusalén solicitando el perdón de los judíos por los problemas del pasado. A pesar de las objeciones de algunos de sus cardenales, el 2000 no fue solamente un año de acción de gracias, sino también un año de expiación.

## La Iglesia después de Wojtyla

El gran año jubilar era el momento de mirar atrás. Pero fue también el momento en que muchos católicos empezaron a pensar en el futuro. Durante un viaje a Canadá en julio de 2002, el Papa parecía gozar de mejor salud de la que había disfrutado en varios meses. Pero en su siguiente etapa en Guatemala y México, el cansancio del viaje salió a flote, y aparecía a menudo con la cabeza inclinada hacia un lado. El mundo se había acostumbrado a ver a un Papa más lento. La figura del padre se había convertido en la figura de un abuelo. El año 2002 marcó también uno de los momentos de más sufrimiento emocional para el Papa, cuando la Iglesia católica de Estados Unidos se vio envuelta en un escándalo de pedofilia en el que estaban implicados sacerdotes. Ello le causó una tremenda pena al Papa, que dijo que no había sitio en la Iglesia para quienes causasen daño a los jóvenes. El 16 de octubre de 2002, Juan Pablo II entró en el año 25 de su pontificado, el quinto más largo de la historia. En los diez

Risas con los líderes de la Iglesia armenia encapuchados durante la visita de éstos al Vaticano, el 9 de noviembre de 2000. Vincenzo Pinto/Reuters

años transcurridos desde que empezaron a manifestarse sus problemas de salud en 1992, los medios habían predicho de forma regular y prematura el inminente fin de la era Wojtyla. En 1994, la revista de un gran periódico mundial escribió sobre el inminente fin y trazó los perfiles de seis posibles sucesores entre los cardenales, conocidos como príncipes de la Iglesia. Desde entonces, uno de los hombres que se mencionaban en el artículo ha muerto y tres se han retirado o han pasado de los 80 años, lo que los incapacita para entrar en un cónclave secreto destinado a elegir un nuevo Papa. Por el contrario, el Papa ha hecho más de 35 viajes

internacionales desde entonces y ha escrito una serie de grandes documentos eclesiásticos. También se ha especulado mucho sobre la posibilidad de que el Papa dimitiera en lugar de mantenerse en el puesto de por vida si sentía que su salud ya no le permitía continuar en el cargo. El último Papa que se retiró voluntariamente fue Celestino V, en 1294.

¿Cuál será el futuro de la Iglesia católica romana después de Wojtyla? Aunque hay mucha política alrededor de un cónclave, la Iglesia cree que al final es el Espíritu Santo el que inspira a los cardenales para elegir al hombre adecuado. Los

Los niños dan la bienvenida al Papa desde la muchedumbre en el Vaticano. 18 de octubre de 1998. Paolo Cocco/Reuters

cardenales votan en secreto en la Capilla Sixtina ante el maravilloso e inspirador fresco de Miguel Ángel que retrata a un Dios severo en *El juicio final*, que es casi como un recordatorio de su responsabilidad. Los italianos quieren claramente que el papado vuelva a ellos. Algunos dicen que el próximo Papa debería viajar menos y mirar más por la administración central, y que un italiano podría ser perfecto para eso. Pero muchos católicos creen que el próximo Papa no sólo no debería ser italiano, sino que tampoco debería ser europeo. Un Papa de América Latina, Asia o África, dicen, reflejaría la universalidad de la Iglesia y la reforzaría en áreas en las que aún se está desarrollando y es pobre. Juan Pablo II eligió a más del 95 por ciento de los cardenales que pueden entrar en el cónclave. Muchos de ellos fueron elegidos por el hecho de ser conservadores desde el punto de vista teológico, en consonancia con el estilo del Papa, de forma que los católicos no deberían esperar cambios rotundos en cuestiones tales como el control de la natalidad o el sacerdocio de las mujeres en lo que les queda de vida. Hay un cierto número de nombres como posible Papas o candidatos, a suceder a Juan Pablo II. Pero un viejo dicho romano advierte contra los intentos de predecir el resultado. «El hombre que entra en el cónclave como Papa lo abandona como cardenal», se dice.

El próximo Papa, quienquiera que sea y sea cual sea el lugar de donde proceda, tendrá que tener madera para ello. Cada minuto de su vida pública será puesto bajo el microscopio de los medios de comunicación. Todas sus palabras, gestos y escritos públicos serán comparados con los de su predecesor. Los liberales tratarán de influir sobre él para conseguir el cambio. Los conservadores le urgirán a empuñar el timón con mano firme para conducir en la buena dirección la «barca de San Pedro» a través de las aguas turbulentas. El próximo Papa deberá llevar la carga y la responsabilidad de sus nueve títulos formales: *Obispo de Roma, Vicario de Cristo, Sucesor del Príncipe de los Apóstoles, Supremo Pontífice de la Iglesia Universal, Patriarca de Occidente, Primado de Italia, Arzobispo metropolitano de la provincia romana, Soberano del Estado de la Ciudad del Vaticano, Sirviente de los Sirvientes de Dios*. En su calidad de sucesor número 264 de San Pedro, el próximo Papa llevará también las sandalias del pescador. Pero será muy difícil para ese hombre meterse en los zapatos de Wojtyla.

# Con sus propias palabras

«No temáis. Abrir ampliamente las puertas a Cristo» (de su primer sermón público después de su elección el 16 de octubre de 1978 como primer Papa no italiano en 455 años).

«Fui un obrero durante cuatro años, y esos cuatro años de trabajo valen para mí más que dos doctorados» (dirigiéndose a los trabajadores romanos en 1979).

«Es más barato que otro cónclave» (respondiendo a los críticos en 1979 sobre el coste de hacer una piscina en la residencia de verano papal para mantenerse en forma).

«El Papa no puede seguir siendo un prisionero del Vaticano. Quiero ir a ver a todo el mundo... Desde los nómadas de las estepas a los monjes y monjas en sus conventos... Quiero cruzar el umbral de cada casa» (a los periodistas, al principio de su papado).

«¿Cuántos Papas desde San Pedro han sido capaces de esquiar? Respuesta: ¡uno!» (a los periodistas, al principio de su papado).

«No nos es posible evitar toda crítica ni nos es posible aplaudir a todo el mundo. Estamos humildemente convencidos de que Dios está con nosotros en nuestro ministerio de la Verdad y que Él no nos dio un espíritu de timidez» (durante un viaje a los Estados Unidos en 1979).

«¿No es la voluntad de Cristo que este Papa, el Papa eslavo, pueda manifestar en este preciso momento la unidad espiritual de Europa?» (durante su visita a Polonia en 1979).

Ante el Muro de las Lamentaciones, 26 de marzo de 2000.
Jim Hollander/Reuters

## En el Muro de las Lamentaciones, Jerusalén, 26 de marzo de 2000

**Por Howard Goller**

El Papa dio 86 pasos para aproximarse al sagrado Muro de las Lamentaciones del judaísmo. Yo los conté. Fueron pasos cortos, y el Papa caminó con ayuda de un bastón, pero a los ojos del mundo había dado un salto gigante hacia la reconciliación con aquel gesto simbólico en el que pedía a los judíos que olvidasen siglos de pecados cristianos.

La policía había cerrado al público gran parte de Jerusalén, el corazón del conflicto de Oriente Medio. Cuando el sol se puso en el último día del que era solamente el segundo viaje a Tierra Santa de un Papa, los pocos que asistíamos a la escena teníamos la sensación de que se estaba haciendo historia. El silencio alfombró la plaza mientras el Papa permanecía solo ante el Muro.

Después, cumpliendo una tradición judía, metió una nota para Dios en una de las grietas. Su mano temblaba cuando se apoyaba en una de las grandes piedras blancas, en un momento de silenciosa plegaria y reflexión. La carta, en la que se pedía perdón a Dios, estaba escrita a máquina sobre una hoja grande de papel que llevaba el escudo papal, y había sido firmada por Juan Pablo II con su propia mano.

«Estamos profundamente entristecidos por el comportamiento de aquéllos que en el curso de la historia han causado sufrimiento a vuestros hijos y, al pedir vuestro perdón, deseamos comprometernos a una hermandad auténtica con el pueblo del pacto», decía el mensaje.

La carta permaneció en el muro durante más de media hora, mientras los fotógrafos hacían fotos. Después, un portavoz del gobierno israelí sacó el mensaje papal y lo llevó al Yad Vashem, el monumento que conmemora en Jerusalem el Holocausto de Israel los 6 millones de judíos asesinados por los nazis.

El portavoz, Moshe Fogel, dijo que no quería que el mensaje fuera barrido por el viento. «Sentí que se trataba de un momento histórico, y quería conservar los pensamientos del Papa», dijo.

Bajo el techo de Miguel Ángel. En la Capilla Sixtina,
12 de enero de 2003. Paolo Cocco/Reuters

Un nuevo milenio. El Papa mira desde su ventana cómo la
muchedumbre reunida en la plaza de San Pedro celebra
el comienzo del nuevo milenio con fuegos artificiales,
el 1 de enero de 2000. Fotografía del Vaticano

El papa Juan Pablo II saluda a la multitud al final de su misa
en Aqueduct Raceway, Nueva York, el 6 de octubre de 1995.
Gary Hershorn/Reuters

Un imán para la fe. Una multitud abarrota la plaza de San Pedro durante una ceremonia de beatificación, el 3 de septiembre de 2000.
Paolo Cocco/Reuters

Un día histórico. Su primera aparición pública como Papa
poco después de su elección, el 16 de octubre de 1978.
Luciano Mellace/Reuters

Un día ventoso. Plaza de San Pedro, 25 de septiembre de 2002.
Dylan Martinez/Reuters

Admirando la vista. El Papa y el presidente de Estados Unidos
George W. Bush en la balconada de la residencia
de verano del pontífice en Castellgandolfo, en las afueras
de Roma, el 23 de julio de 2001.
Fotografía del Vaticano

Un púlpito mundial. Dirigiéndose a las Naciones Unidas
el 5 de octubre de 1995. Gary Hershorn/Reuters

Póster del Papa. Un trabajador búlgaro pega un cartel del Papa
antes de su visita a Sofía, 21 de mayo de 2002.
Dimitar Dilkoff/Reuters

El Rey Don Juan Carlos y la Reina Doña Sofía en una visita
al Vaticano, 28 de noviembre de 2000.

*Llamando a las puertas del cielo.* Bob Dylan durante un concierto para el Papa en Bolonia, Italia, el 27 de septiembre de 1997. Paolo Cocco/Reuters

Débil y demacrado, el Papa abandona el hospital Gemelli de Roma después
de una operación para extirparle un tumor en el colon. Juan Pablo II bromeó
diciendo que el hospital se debería rebautizar con el nombre de Vaticano II,
porque parecía que pasaba más tiempo allí que en el Vaticano, 1992.
Luciano Mellace/Reuters

Un tipo diferente de «papamóvil». Subido en un Ferrari
Mondial durante una visita a la famosa fábrica de coches
en Maranello, Italia, el 4 de junio de 1998.
Luciano Mellace/Reuters

Ajustando el espejo retrovisor a su llegada a una parroquia de
Roma, el 18 de noviembre de 2001. Paolo Cocco/Reuters

Ciudad del Vaticano, 11 de abril de 2001. Vincenzo Pinto/Reuters

Gracia y gracia. El Papa y una joven bailarina durante el Día Mundial de la Juventud en Roma, el 20 de agosto de 2000. Vincenzo Pinto/Reuters

Abrazando a Monik, de tres años, y su hermana de un año
Zin, cuyo ojo se puede ver entre el pecho y la mano del Papa,
en Antananarivo, Madagascar, el 29 de abril de 1989.
Luciano Mellace/Reuters

Una nueva era. Cerrando la Puerta Santa de la basílica de San Pedro para poner fin a las celebraciones del milenio, el 6 de enero de 2001.
Fotografía del Vaticano

Perfiles de la fe. Sentado bajo un Cristo
crucificado, en Stary Sacz, Polonia, el 16 de
junio de 1999. Pawel Kopczynski/Reuters

Viernes Santo en el Coliseo, 28 de marzo de 1997.
Paolo Cocco/Reuters

# Un revolucionario religioso

## Sean Maguire

Henryk Lenarciak acababa de comenzar su jornada en el astillero Lenin de Gdansk cuando un estremecimiento se extendió entre las bases de las grúas y las gradas. Activistas jóvenes iban de un trabajador a otro llamando a la huelga para pedir mayores salarios y la readmisión de un conductor de grúa al que habían echado. Los hombres dejaron sus herramientas y descendieron de los andamios que cubrían los altos cascos de acero; hacia media mañana, había dado comienzo otra protesta en un verano polaco de conflictos laborales.

Era el 14 de agosto de 1980 y se había puesto en marcha Solidaridad, el movimiento laboral nacido de la esperanza y del fervor religioso que iba a barrer al Gobierno comunista en Polonia. Se trataba de un movimiento que hundía sus raíces en la elección del papa Juan Pablo II y en su regreso triunfante a su Polonia natal sólo 14 meses antes.

Durante el segundo día de la huelga, Lenarciak recuerda cómo una gran foto del Papa colgaba de la puerta del astillero. Bajo la vigilante mirada de su compatriota, inspirador y defensor, la protesta de los trabajadores había pasado de ser una disputa sobre condiciones laborales a convertirse en una lucha por la libertad. Nueve tumultuosos años después, Solidaridad vencía a un exhausto y desacreditado régimen comunista.

«Sabíamos por lo que estábamos luchando y sabíamos que al final teníamos que ganar —dijo Lenarciak, que se retiró de los astilleros en 1987 después de 37 años como cerrajero, y que ahora vive de una pensión y de trabajo a tiempo parcial—. Recuerdo que al otro lado de la puerta se podía ver a la mitad de la ciudad reunida para apoyarnos. Todos rezábamos juntos.»

El movimiento floreció sobre el poderoso compromiso religioso y la profunda espiritualidad del pueblo polaco.

Los curas partidarios de Solidaridad decían misa diariamente delante de la puerta, bajo la imagen del Papa. «La foto del Papa era muy importante para nosotros. Teníamos una profunda fe y confianza en nuestro Papa, y creíamos que podría ayudarnos. Nos hicimos cada vez más poderosos. Él nos dio la fuerza y forjó nuestro coraje.»

Sólo dos semanas después de comenzada la huelga de Gdansk, Lech Walesa levantaba una enorme pluma de plástico decorada con una fotografía del Papa para firmar un acuerdo con el Gobierno comunista por el que se legalizaba Solidaridad. Electricista en paro y agitador sindical durante mucho tiempo, el carisma de Lech Walesa, su manejo de los tiempos y su decisión le habían catapultado hasta la cabeza de la protesta nacional. El régimen capituló. Aquéllos que gobernaban en nombre de la clase trabajadora, les dieron a los trabajadores el derecho a organizarse a sí mismos. Éstos terminaron con el monopolio del poder central, mantenido para la supervivencia del sistema soviético, que había impuesto su dominio sobre Europa del Este después de la Segunda Guerra Mundial. La presa había sido rota, y la onda expansiva se extendió de Varsovia a Moscú y Pekín. La ley marcial, impuesta en diciembre de 1981, frenó las aguas desbocadas de la libertad, pero no podría contenerlas.

Los polacos habían comprendido, quizás mejor que otros, lo que quiso decir el Papa en su misa inaugural en 1978 con las palabras «no temáis». Incluso los hombres del aparato se preocuparon cuando contemplaban la ceremonia del Vaticano, en lo que fue la primera misa jamás retransmitida por la televisión estatal polaca, el fuertemente controlado brazo de propaganda del oficialmente ateo partido comunista. «Un polaco se ha convertido en Papa. Es un gran acontecimiento para el pueblo polaco y una gran complicación para nosotros», dijo a su esposa el primer secretario Edward Gierek, el número uno en el aparato del partido comunista polaco, en una frase que reflejaba los sentimientos ambivalentes que sintieron los gobernantes de Polonia cuando su compatriota se convirtió en Sumo Pontífice.

Cerca de nueve años después de las huelgas del astillero, los polacos votaban libremente por primera vez desde la Segunda Guerra Mundial. Al final, el comunismo murió tranquilamente en Polonia. El dominó cayó más ruidosamente en otros lugares: Hungría, Checoslovaquia, Alemania del Este y Rumanía fueron arrancadas al totalitarismo, en algunos casos con derramamiento de sangre.

En el transcurso de la celebración de una década de democracia en su tierra natal, el Papa recordó las raíces de esas revoluciones, remontándose hasta el movimiento Solidaridad.

«No nos podemos permitir olvidar esos acontecimientos —dijo el Papa a los legisladores polacos en 1999—. Ellos no sólo nos trajeron la largamente ansiada libertad, sino que también contribuyeron decisivamente a la caída de los muros que durante casi medio siglo separaron estas sociedades y naciones del mundo libre.» Solidaridad no perseguía sólo la libertad para pensar, creer y votar de las personas lo que desearan, sino la libertad de los polacos, los checos y los húngaros para estar allí donde sentían que debían estar: en el corazón de Europa; no abandonados detrás del telón de acero erigido por Josef Stalin para mantener la división del continente producto de la guerra.

## La Iglesia guardiana

Solidaridad tenía su génesis en el Papa polaco. Tadeusz Mazowiecki, el primer jefe de Gobierno elegido democráticamente en Polonia después de la guerra, se compadecía de los observadores occidentales que no podían entender cómo una revolución de trabajadores podía ser profundamente religiosa y profundamente patriótica.

La Iglesia católica era en Polonia la guardiana de la identidad nacional, y conservar la fe era un acto de desafío frente a los legisladores brutales y la partición del país por los rusos, los alemanes y los austríacos durante gran parte de los dos últimos siglos. La peregrinación a los santuarios marianos y la asistencia a la misa semanal eran pequeños actos de rebeldía que se podía permitir un pueblo sojuzgado. En el drama de la historia polaca, el Papa permaneció como un símbolo de la rebelión pacífica contra la imposición «extranjera» del comunismo. «El mundo no podía entender por qué los retratos del Papa colgaban en las puertas del astillero. Pero para nosotros era obvio», decía Mazowiecki, un intelectual católico que asesoró a Solidaridad, en una entrevista con el autor.

La huelga de Gdansk comenzó 14 meses después del primer regreso triunfal del Papa a su tierra natal en junio de 1979. Sin ese viaje, ningún movimiento de oposición hubiera tenido valor para surgir de las sombras. El viaje devolvió a los polacos su orgullo, su fe en sí mismos, y el sentido de pertenencia a una sociedad, elementos que habían desaparecido por completo después de 30 años de comunismo. Durante su viaje de nueve días el Papa rezó ante las tumbas de San Adalberto y San Estanislao, y en el santuario de la Virgen Negra en Czestochowa, símbolo de la identificación nacional de Polonia con la fe católica. Trece millones de personas, un tercio de la población, vieron al Papa en persona durante ese viaje extasiado de vuelta a casa. Él dijo a las autoridades comunistas que la paz y la coexistencia requerían el final de «todas las formas de colonialismo cultural o económico», en clara referencia a su servilismo ante los dictados soviéticos. En un polaco dramático y elocuente, defendió con ahínco los derechos inalienables del hombre. Mediante una decidida, aunque alegre, reafirmación del valor de todos los hombres para Dios, transformó a los polacos de personas sometidas a una ideología extraña, a poderosos defensores de la independencia espiritual y política de Polonia.

La visita tuvo un impacto práctico, recuerda Mazowiecki. Las autoridades obligaron a la Iglesia a ocuparse de la logística, y esto hizo que se reclutara a muchos voluntarios para la operación de control de las multitudes. Esto mostró a los polacos que no necesitaban depender del aparato del Estado para organizar todos los aspectos de sus vidas. «La gente se agolpó en las calles, pero todo estaba organizado por nosotros mismos y por la Iglesia. Esto puso de manifiesto que la sociedad tenía poder para caminar unida. Las muchedumbres se comportaron de forma muy organizada y disciplinada.»

La televisión estatal polaca no ofreció imágenes de las multitudes, para evitar mostrar su magnitud. Pero no podía silenciar el eco de las palabras que el Papa pronunció en la plaza Victoria, en Varsovia, donde invocó a Dios diciendo: «Haz que tu espíritu descienda y renueve la faz de la tierra», y, con especial énfasis, repitió «esta tierra». La muchedumbre sabía que se estaba refiriendo a la tierra sobre la que se encontraba. Fue una llamada inequívoca al renacimiento nacional. Fue el «segundo bautismo» de Polonia.

«Cuando dijo "haz que tu espíritu descienda", fue como si la electricidad corriera por todos nosotros, como si algo estuviera sucediendo en ese momento y tuviera que seguir sucediendo —declaraba Mazowiecki, que estaba entre la multitud en ese soleado sábado de junio—. Estaba diciendo la verdad a las autoridades, sin ofenderlas.»

## El pueblo se levanta

«Había sido un activista opositor durante diez años, y en ese tiempo había atraído a diez personas —recuerda Lech Walesa—. De 40 millones de personas sólo pude organizar a diez personas. Pero después de esa visita quedó claro que algo podía suceder. Un año más tarde, era imposible manejar el aluvión de personas que querían unirse a nosotros. Conozco la parábola de los panes y de los peces, pero pienso que nuestro milagro fue incluso mayor. Pasamos de diez personas a 10 millones. La gente simplemente despertó. Las personas querían un cambio y comenzaron a creer en ellas mismas.»

Los mensajes sobre renovación religiosa, derechos humanos, respeto por la herencia cultural y la tradición espiritual, y el derecho a trabajar y a gobernar los asuntos propios se volverían a oír una vez y otra de labios del Papa a lo largo de su pontificado en sus prédicas dirigidas a los tiranos, los ocupantes, los regímenes mendaces y, más tarde, las tambaleantes democracias. Pero estas creencias fueron forjadas y probadas en Polonia, y encontraron su fruto en el movimiento de masas no violento Solidaridad, que dio ejemplo al mundo.

«No me cabe la duda de que los cambios no hubieran sucedido sin el Papa —decía el profesor Norman Davies, la mayor autoridad extranjera en historia polaca—. «Había

# La visita del Papa a su tierra natal

MAR BÁLTICO

ALEMANIA

Golfo de Ddansk

RUSIA
(Región de Kaliningrado)

Gdynia
Gdansk
Koszalin
Elblag
Pelplin
Olsztyn
Elk
Szczecin
Lomza
Lichen
Bydgoszcz
Notec
Gorzow
Torun
Narew
Vistula
Drohiczyn
Gniezno
Poznan
Varsovia
Bug
Siedlce
Lowicz
Kalisz
Radom
Legnica
Warta
Wroclaw
Oder
Sandomierz
Zamosc
Czestochowa
Sosnowiec
Gliwice
Vistula
San
Lubaczow
Cracovia antigua
residencia del Papa
Wadowice
Bielsko-Biala
Kalwaria Zebrzydowska
Zywiec
Ludzmierz
UCRANIA
Zakopane
ESLOVAQUIA

BIELORRUSIA

**CLAVE**
- 1979 *Junio*
- 1983 *Junio*
- 1987 *Julio*
- 1991 *Junio*
- 1991 *Agosto*
- 1995 *Mayo*
- 1997 *Mayo-Junio*
- 1999 *Junio*
- 2002 *Agosto*

40 millas

«Papamóvil»,
a prueba de balas

«Yo confío en que Polonia, que ha pertenecido a Europa durante siglos, encontrará el lugar que le corresponde en las estructuras de la Comunidad Europea. No solamente no perderá su propia identidad, sino que enriquecerá al continente y al mundo con su tradición.»
Papa Juan Pablo II, 2002

*Fuente: Reuters*

habido una crisis económica prolongada en Polonia, y se había producido un gran desafecto al sistema comunista entre la clase trabajadora y la sociedad en general. Esto se cocía y estaba a punto de estallar, pero fue su presencia y el increíble impacto de su personalidad lo que puso en movimiento todo el proceso de la desintegración del régimen —declaraba Davies, en una entrevista con el autor—. Hasta ese punto puede un hombre provocar una revolución.»

El Papa iba a obrar milagros por Polonia pero, ¿qué aportó al papado un hombre de iglesia polaco? En sus primeros momentos como Papa reconoció la novedad desafiante de su elección. Desarmaba a la muchedumbre mediante su conocimiento del italiano, explotando su encanto, talante de ganador y su humor para romper el hielo. «Los eminentes cardenales han llamado a un nuevo obispo de Roma. Le han elegido de un país lejano: lejano, pero siempre cercano en la comunión de la fe y en la tradición cristiana», dijo a los fieles en la plaza de San Pedro en la tarde de su elección, el 16 de octubre de 1978.

Rápidamente se hizo evidente que la nacionalidad del Papa no iba a suponer una barrera. Como predicador políglota, borró las diferencias nacionales y las distancias geográficas. Su bagaje como profesor de filosofía y como pastor del pueblo le proporcionó un amplio impulso emocional que traspasó las clases sociales. Su formación como actor le dio la capacidad retórica y la presencia dramática. El eminente papel público desempeñado por los hombres de iglesia polacos desde la Edad Media, cuando los cardenales gobernaban el país desde la muerte de un rey hasta la elección de otro, infundían un sentido de autoridad y liderazgo. Los años de astuta obstinación en demanda de permisos para construir iglesias ante los oficiales ateos del partido enseñaron a Wojtyla la capacidad diplomática a la que tendría que recurrir más tarde para la burocracia del Vaticano y para tratar con déspotas, dictadores y disidentes.

«Pero Wojtyla aportó otras cualidades menos evidentes, pero no menos valiosas, que se podrían considerar como virtudes polacas: apertura a otras personas, respeto por la cultura nacional, orgullo y autoconfianza. Su decisión, su autodisciplina, sus convicciones profundas y la poesía de sus sermones surgieron de su herencia intelectual y cultural polaca», declara Mazowiecki.

«Afrontó increíbles retos después de su elección. Era el primer Papa no italiano en más de 450 años, y necesitaba preservar la universalidad de su puesto y, al mismo tiempo,

seguir siendo polaco. Fue su genio el que consiguió incorporar las mejores tradiciones polacas a su estatus de líder universal», dice Mazowiecki.

## El Papa patriota

Los críticos del Papa decían que era demasiado «polaco» para el papado, argumentando que la otra cara de su fuerza era la terquedad de una nación que había sobrevivido a décadas de subyugación. Como patriota polaco no renunció nunca a sus orígenes; su pensamiento estaba estructurado por una educación conservadora de una ciudad pequeña en una familia que poseía una fuerte mezcla de sentimiento nacional y piedad religiosa. Sus amigos dicen que el Papa no hubiera tenido la fuerza para su misión global si hubiera olvidado sus raíces polacas cuando se sentó en el trono del Vaticano. Pero Wojtyla no se envolvió en las bandas rojas y blancas de la bandera de su país. Precisamente porque pudo transcender el estatus nacional fue por lo que consiguió tanto para su tierra nativa. «Su papel en Polonia fue tan grande porque su papel en el mundo es tan grande. Es único en la historia polaca», dice Mazowiecki.

Se le ha acusado de dar un tratamiento especial a su tierra natal, una acusación que sus defensores rechazan. «Tuve la oportunidad de mantener una larga conversación con el Papa en polaco en los años ochenta, y lo que me sorprendió tremendamente fue como contemplaba Polonia a través de ojos universales. Realmente contemplaba Polonia sólo como un país entre muchos», me dijo Timothy Garton Ash, un historiador que ha escrito historias sobre Solidaridad y sobre las revoluciones de Europa del Este vistas con sus propios ojos.

Karol Wojtyla era profundamente religioso cuando era niño. Nació el 18 de mayo de 1920, y su padre Karol, suboficial del ejército, y su madre Emilia, eran profundamente piadosos. La familia vivía en un pequeño apartamento propiedad del tendero judío Yechiel Balamuth, en la pequeña ciudad de Wadowice, en las estribaciones de las montañas de Beskidy, a 56 km de Cracovia, la capital cultural e intelectual de Polonia, una ciudad que iba a jugar un papel vital en la formación intelectual de Karol Wojtyla. Polonia había conseguido de nuevo su independencia dos años antes de que él naciese, y el espíritu de los tiempos era intensamente patriótico. El apartamento de Karol daba a la iglesia de Santa María, y la observancia religiosa se convirtió en parte de la vida diaria. Cuando murió su madre en 1929, el padre y el hijo encontraron consuelo en la oración y en las peregrinaciones.

especiales para los idiomas. Hablaba de corrido el latín, el griego y el alemán cuando se graduó en la escuela superior. Era también un deportista entusiasta, un amante de las caminatas por la montaña, del esquí y del fútbol, donde sus amigos recuerdan que su corpulencia le era muy útil entre los postes de la portería. Su otra gran pasión era el teatro.

«Tenía una memoria extraordinaria y una voz musical —recuerda Mroz—. Tenía un enorme potencial como actor. Ese era su sueño entonces.» Wojtyla participó en producciones locales de dramas atenienses y en obras del siglo XIX de dramaturgos de la tradición romántica polaca,

Un día importante para Karol Wojtyla. Su Primera Comunión, Wadowice, Polonia. Fotografía del Vaticano

Su padre fue el primero de una serie de recios guías masculinos que moldearon el destino espiritual de Karol.

«Sentíamos el carisma que emanaba de él ya en esa época. Sabíamos que era distinto a nosotros —recuerda su compañero Eugeniusz Mroz—. Tenía una fe religiosa enormemente profunda.» Esta persona recuerda a Lolek, el sobrenombre polaco de Karol, como un estudiante brillante, con unas dotes

Con su padre.
East News

El joven padre Karol Wojtyla en los años cuarenta, cuando era un joven sacerdote. Fotografía del Vaticano

cuyas obras habían mantenido las esperanzas de la nación durante la ocupación. Se trasladó a Cracovia en 1938 para estudiar el idioma polaco, continuando con sus propios escritos poéticos y dramáticos y sumergiéndose en la actividad teatral. Antes de que pudiera comenzar su segundo año de estudios, Alemania y Rusia invadieron Polonia. Era el mes de septiembre de 1939. Había empezado la Segunda Guerra Mundial.

La guerra, la muerte de su padre y el conflicto entre su vocación teatral y su vocación religiosa marcaron los primeros veinte años de Wojtyla. Ya como Papa, cuando rezaba por la gente sola, recordaba el vacío que le había rodeado cuando murió su padre en 1941, dejándole sin ningún pariente cercano antes de cumplir los veintiún años. Cuando rezaba por la paz mundial, lo hacía como un hombre que había

vivido el terror y el conflicto y que había sobrevivido a un bombardeo aéreo. Cuando rezaba por el fin de la tiranía, se recordaba escapando a una redada de la Gestapo, viviendo con raciones de hambre y paseando por las calles llenas de carteles con nombres de personas ejecutadas arbitrariamente por los alemanes para castigar los actos de resistencia. Cuando rezaba por las víctimas del Holocausto, recordaba la desaparición de sus propios amigos judíos de Wadowice y la exterminación de la próspera comunidad judía de Cracovia. Cuando hablaba de la dignidad del trabajo, recordaba los cuatro años de agotadora tarea cargando piedras y acarreando cubos de cal en una cantera y en una fábrica de productos químicos, en trabajos que le proporcionaron los amigos para

El cura que esquía.
East News

librarle de la expulsión y la condena a trabajos forzados en campos de concentración alemanes.

«A menudo trabajaba por la noche, para tener tiempo de pensar y rezar —dice Edward Goerlich, un ingeniero que recuerda sus charlas sobre temas científicos con el curioso Wojtyla en la fábrica de productos químicos—. Teníamos muchas discusiones, y un día vino y me dijo que había decidido hacerse sacerdote.»

La decisión no extrañó a Halina Kwiatkowska, que había crecido junto a Lolek en Wadowice y había formado parte durante la guerra de un grupo de recitación en Cracovia llamado Teatro de la Rapsodia por los míticos rapsodas que iban vagabundeando de un pueblo a otro reconfortando los espíritus de las personas atormentadas por la guerra. «Estábamos resistiendo con la palabra, no con el fusil», recuerda Kwiatkowska. Participar en las representaciones se castigaba con la muerte si lo descubrían los alemanes. El público no podía aplaudir por temor a que se les descubriera. Los recitales consistían en dramas históricos y místicos del siglo XIX, imbuidos a menudo de un trasfondo religioso. Para Wojtyla, la cultura se había convertido en esos días en un arma vital para sostener el alma de la nación. Pero para su propia alma tenía que ir más allá. A pesar de los apasionados esfuerzos de su mentor teatral, Mieczyslaw Kotlarczyk, por disuadirle, Karol fue a ver al arzobispo a la residencia del siglo XVII del arzobispo, en agosto de 1942, y pidió que se le admitiera en el seminario clandestino. «Hubiera sido un extraordinario actor, pero no lamento que no hiciera esa elección —dice Kwiatkowska, que es ahora una actriz profesional—. Hubiéramos perdido un gran Papa.»

En 1946, diez días después de ser ordenado, Wojtyla celebró su primer bautismo como sacerdote dando la bienvenida a la hermana de Kwiatkowska, Monika, a la Iglesia católica. Días después, dejó por primera vez su querida Polonia para trasladarse a Roma con el fin de continuar sus estudios teológicos. Cuando regresó, dos años más tarde, Polonia estaba bajo el helado dominio de un intransigente gobierno comunista.

## Resistencia inteligente

Ya desde el principio de su sacerdocio, se marcó unas pautas de inteligencia, acercamiento e innovación, al tiempo que mantenía un ojo puesto en la tradición. Eran las pautas que más tarde le ayudarían a guiar a la Iglesia. Combinaba el trabajo pastoral de apoyo a los católicos en su lucha por

El Papa Pablo VI impone el birrete rojo de Cardenal al Arzobispo Karol Wojtyla, el 26 de junio de 1967.
Fotografía del Vaticano

mantener su fe frente a la represión con una formidable producción intelectual, enseñando teología y escribiendo montones de ensayos, poemas y dramas publicados en un ámbito local, principalmente bajo seudónimo. Desafió los estereotipos del clérigo intelectual o de la Iglesia burocrática. Comenzó a dar clases de preparación para el matrimonio, sin asustarse por los temas de la sexualidad, escribió una guía sobre el amor responsable, y organizó foros de discusión con científicos, artistas, profesores y doctores. Como sacerdote, era ostensiblemente apolítico, pero su obra involucró a la Iglesia en torno a todos los aspectos de las vidas de la gente, amortiguando los efectos de la deshumanización de las estrictas normas estalinistas.

Para Wojtyla, la iniciativa más valiosa de los años de la posguerra fue el desarrollo de un círculo de jóvenes amigos, principalmente estudiantes, que se convirtieron en sus contrincantes intelectuales, sus socios de debates, sus compañeros de acampada y sus aliados leales. Los miembros del grupo iban juntos de excursión, hablaban y navegaban en canoa por las montañas y lagos polacos. Casó a muchos de los miembros del grupo, y fue en uno de sus tan apreciados

Un Papa polaco. Ante las cámaras, el día después de su elección en 1978. Mal Langsdon/Reuters

viajes anuales en canoa, en 1958, cuando se enteró de que se había convertido en el obispo más joven de Polonia: corrió a Varsovia, pidió prestada una sotana para ver al cardenal Wyszynski, el primado polaco, y después regresó a los lagos. Seguiría haciendo canoa todos los años con su grupo hasta su elección como Papa. El grupo le ayudó a aprender más sobre la vida ordinaria y sus desafíos. Wojtyla no era un hombre de iglesia encerrado en una torre de marfil.

«Era resistente a los pequeños desastres, tales como el vuelco de una canoa, o a los días agotadores —dice Stanislaw Rybicki, que con su mujer, María, estaba en el grupo original, que aún mantiene un estrecho contacto con el hombre al que

se dirigían como Wujek (tío)—. Éramos para él algo así como una mezcla de amigos, discípulos y familia. Todo era informal y, por supuesto, altamente ilegal». Los comunistas habían prohibido a los clérigos liderar grupos de jóvenes y decir misa fuera de las iglesias. En todo el Bloque Oriental, la religión era injuriada como rival de la «verdad superior» del comunismo. Los clérigos eran hostigados y encarcelados, y se hacía imposible la vida a los fieles. El catolicismo era demasiado fuerte en Polonia para que se le pudiera reprimir totalmente, pero el régimen cerró seminarios, encarceló sacerdotes, censuró publicaciones y envió a Wyszynski a un exilio interno durante tres años. Wojtyla lideró su grupo de montaña disfrazándose con ropas civiles. Estaba recurriendo a la pauta de la resistencia inteligente y de la afirmación moral tranquila contra el mal, que había empleado en la Cracovia de la guerra.

Como obispo, arzobispo y cardenal, Wojtyla no buscó la confrontación con el régimen, sino que trazó líneas que no se debían traspasar. A medida que su rango y estatura dentro de la Iglesia polaca crecían, también lo hizo su sofisticación política. El Gobierno había presionado para que le hicieran Arzobispo de Cracovia en 1963 frente a otros que pensaba que eran más tercos. Pronto iba a arrepentirse de su error. Wojtyla resistió con éxito cuando las autoridades trataron de quedarse con los edificios del seminario, y luchó para volver a abrir la Facultad de Teología en la Universidad Jagiellon de Cracovia, cerrada por el comunismo en 1954. Para protestar contra la negativa del Gobierno a permitir una iglesia en el grande y recién construido barrio de clase trabajadora de Nowa Huta, celebró la misa de medianoche en Navidad todos los años a la intemperie, bajo el frío helado. Finalmente, la iglesia se construyó y se consagró en 1977.

Ya al principio de su carrera, Wojtyla se dio cuenta del daño moral que producía en los individuos la pérdida de libertad, tanto bajo el nazismo como bajo el comunismo. Pero los pasos críticos adelante fueron su experiencia del Vaticano II, el gran concilio modernizador de la Iglesia de principios de los años sesenta, y la puesta en práctica de las nuevas enseñanzas en su propia diócesis. Ya no le bastaba a la Iglesia defenderse a sí misma; la libertad tenía que ser entendida de una forma más amplia. «El salto de hablar de los derechos de la Iglesia o de los derechos de los cristianos a hablar sobre los derechos humanos universales fue absolutamente crucial», dice Garton Ash. Allanó el camino para la gran alianza de 1980 entre la izquierda secular, los intelectuales, los trabajadores y la Iglesia que permitió que surgiera Solidaridad.

## El papel de Gorbachov

Solidaridad no hubiera podido existir sin el Papa polaco. Pero no hubiera podido triunfar en la restauración de la democracia en Polonia si no hubieran encajado otras piezas del rompecabezas.

El firme apoyo de los Estados Unidos, el fracaso económico del bloque soviético y la tozudez de los polacos corrientes fueron las otras partes del rompecabezas. Pero muchos historiadores dicen que fue la ascensión de Mijail Gorbachov a la cumbre del Partido Comunista soviético en 1985 lo que permitió el cambio de largo alcance en la Europa Oriental. Bajo Gorbachov, el oso ruso recogió sus garras, declarando que ya no iba a hacer uso de la fuerza para mantener el comunismo en su esfera de influencia. La doctrina de intervención, de Breznev, había finalizado. Pero Gorbachov otorgó al Papa el mérito de haber estimulado la revolución de 1989 y el colapso de la Unión Soviética en 1991. «Todo lo que ha sucedido en la Europa Oriental en estos últimos años hubiera sido imposible sin la presencia de este Papa», escribió Gorbachov en 1992, después de su caída del poder. Sin Solidaridad y sin el Papa, la política exterior de Gorbachov no hubiera sido tan valiente. «El hecho de que Gorbachov se diera cuenta tan pronto como llegó al poder de que tenía que revisar radicalmente la política soviética en Europa del Este se debió, en gran parte, a que Polonia no había sido normalizada», dice Garton Ash.

El líder polaco general Wojciech Jaruzelski, que impuso la ley marcial en 1981 en un vano intento de parar a Solidaridad, es más elogioso con Gorbachov. Un viejo proverbio ruso dice que las aguas no corren por debajo de una piedra, una metáfora para describir la inmovilidad de la vieja guardia del Kremlin. «Fue Gorbachov el que acabó por levantar la piedra», dice el viejo general polaco. Jaruzelski, preocupado por asegurar el mérito que le pueda otorgar la historia, dice que él jugó un papel ayudando al Papa y a Gorbachov a entender que no constituían una amenaza el uno para el otro.

«Ya en 1985, le decía a Gorbachov que debía pensar de una forma diferente sobre el Papa, que era un hombre de paz, de un nuevo conocimiento social, y un compañero eslavo que deseaba tener buenas relaciones con Rusia. Al Papa le decía que Gorbachov era moderno, que quería reformas. El Papa escuchaba atentamente y hacía preguntas», declaraba Jaruzelski en una entrevista con el autor.

El líder de una superpotencia nuclear oficialmente atea y el jefe de una religión opuesta virulentamente al comunismo

Abrazando a un niño polaco, Polonia, 1979.
Chris Niedenthal/FORUM

acabaron por reunirse en diciembre de 1989 en el Vaticano. Gorbachov calificó el encuentro de «verdaderamente extraordinario»; el Papa lo calificó como «singularmente significativo: un signo de los tiempos». Puso fin a la tumultuosa batalla entre el Vaticano y los ideólogos soviéticos sobre quién decía la mayor verdad a la Humanidad. El encuentro terminó con décadas de áspera propaganda antivaticana por parte de los soviéticos, y se interpretó como un apoyo papal a los esfuerzos de reestructuración (perestroika) de Gorbachov.

Una tercera peregrinación a Cracovia, Polonia, en 1987.
Chris Niedenthal/FORUM

opresión y por terminar con la Guerra Fría fueron vitales para la caída del telón de acero y para la reunificación de Europa, una aspiración central del Papa. Pero muchos historiadores dicen que mientras que el Papa fue dueño de las circunstancias, Gorbachov fue su víctima. Gorbachov quería reformar el comunismo, no ponerle fin. Quería mantener unida a la Unión Soviética, y no permitir que los miembros más renuentes, como la abrumadoramente católica Lituania, corrieran hacia la independencia, como hicieron en 1991.

«El Papa destruyó la autoridad del sistema soviético sin disparar un solo tiro. Hizo ver a la gente que tal sistema estaba basado no en la defensa de sus intereses o en su protección sino en la fuerza bruta. Y luego nos encontramos con este extraordinario secretario general (Gorbachov) que no quería realmente utilizar la fuerza bruta. Y, quien lo iba a decir, todo el tinglado se vino abajo; el sistema soviético se desmoronó», dice el profesor Davies.

Algunos historiadores discuten la importancia del papel del Papa en la derrota del comunismo fuera de Polonia y en la propagación de la democracia por Europa. Pero Davies cree que la «calidad ejemplar» del Papa fue significativa en la caída de los Gobiernos. Los acontecimientos que inspiró en Polonia, echando abajo el mito del carácter invencible de los

Gorbachov describió al Papa como aliado, no como enemigo, y como alguien cuyo apoyo necesitaba el líder soviético para forzar el cambio. Prometió una ley para permitir la libertad de conciencia, presagiando un nuevo amanecer para la religión, tan rudamente reprimida, en todo el bloque soviético. Para el Papa fue un gran hito en la lucha por las libertades religiosas y personales.

El Papa describió a menudo a Gorbachov como «un hombre providencial», alguien que tiene las creencias necesarias y está en lugar y el tiempo adecuados para cambiar el destino de las naciones. Los intentos de Gorbachov por modernizar la Unión Soviética, para que su país se sacudiese su pasado de

Durante un viaje a Polonia, el Papa pasa bajo una pancarta de Solidaridad, 1983. Fotografía del Vaticano

comunistas, ayudaron a echar abajo otros regímenes, según Davies. Garton Ash describe a Polonia como el «rompehielos». Pero incluso si el éxito hubiera quedado reducido a Polonia, hubiera sido un logro monumental.

## «Siento dejaros»

George Weigel, autor de la muy aclamada biografía del Papa *Testigo de esperanza*, cree que hacer caer al comunismo fue uno de los grandes logros de uno de los grandes Papas de la historia. Fue, como escribió Weigel en 1999, el «logro de un pastor lleno de coraje, decidido a decir la verdad al poder, y convencido de que la verdad, dicha claramente y lo suficientemente alto, es la herramienta más eficaz contra el totalitarismo tiránico».

La tierra natal del Papa es ahora una democracia estable que, con su adhesión a la OTAN y a la Unión Europea, está en la vanguardia de los esfuerzos para tender un puente sobre las divisiones históricas de Europa. Es una nación cada vez más próspera. Pero también es cada vez más secular. La asistencia a la iglesia ha descendido, y el poder político del clero y el respeto que se solía tener a los sacerdotes han disminuido. Las nuevas libertades significan que el culto ya no es un acto patriótico en Polonia. Algunos sugieren que los polacos han desilusionado al Papa. Éste les ha señalado con el dedo por sucumbir al materialismo, a la indiferencia moral y al egoísmo del capitalismo. Pero los hijos, aunque sean poco afectuosos, siguen queriendo a sus padres. Todas las visitas del Papa a su casa, incluso aquéllas que se han producido después de la caída del comunismo, fueron festivales de devoción mutua. A cualquier lugar donde fuera, había un mar de rostros llenos de lágrimas y miles de voces se levantaban para entonar canciones y rezar. Era el encuentro de un pueblo y un Papa que entablaron una lucha común y que triunfaron.

«Siento dejaros», fueron las últimas palabras del Papa a la multitud antes de volar desde el aeropuerto de Cracovia en agosto de 2002. Un rayo de sol penetró a través de las nubes a medida que el avión se zambullía hacia sus amadas montañas. Se había ido.

## Con sus propias palabras

«El régimen militar existe desde diciembre, la Virgen de Czestochowa desde hace 600 años» (animando a los peregrinos polacos a mantener la fe después de la declaración de la ley marcial en 1981).

«Recordar Hiroshima es aborrecer la guerra» (en 1981, en su visita al lugar de la explosión de la primera bomba atómica).

«Las cosas aquí tienen que cambiar de verdad» (durante un discurso sobre la desigualdad ante el pétreo rostro del presidente Jean-Claude Duvalier en Haití durante un viaje allí en 1983).

«Cuando hablo en defensa de los derechos humanos, sobre todo sobre la libertad religiosa, no acuso a las autoridades de ningún país. Si, a veces, ciertas autoridades se sienten atacadas, es quizás porque se sienten culpables» (a sus ayudantes después de pronunciar un severo discurso en defensa de los refugiados, a continuación de una visita a un campo de refugiados en Tailandia en 1984).

«También me maravilla a mí» (respondiendo a un periodista que le preguntó cómo conseguía no sentirse exhausto, en un viaje a América Latina en 1985).

«Cristianos y musulmanes generalmente nos hemos entendido mal. A veces en el pasado nos hemos enfrentado, e incluso luchado hasta la extenuación, en polémicas y guerras. Yo creo que Dios nos llama hoy a que cambiemos nuestros viejos hábitos» (durante una visita a Casablanca, Marruecos, en 1985).

«Sois hermanos entrañablemente amados, y en cierto modo podría decir que sois nuestros hermanos mayores» (dirigiéndose a los judíos, durante su histórica visita a la sinagoga romana en 1986).

Con su mentor. Abrazando al cardenal Stefan Wyszynski, que fue su superior en Polonia, el 16 de mayo de 1979.
Fotografía del Vaticano

El hombre de acero y el hombre de blanco. El Papa y el líder
polaco, general Wojcieck Jaruzelski, pasan revista a las tropas
en 1987. Santiago Lyon/Reuters

# Electrizando a una nación

**Por David Storey**

La elección de Karol Wojtyla, antiguo arzobispo de Cracovia, como Papa, el 16 de octubre de 1978, electrizó al reprimido pueblo de su tierra natal, que había vivido bajo el nazismo y el comunismo durante cerca de cuatro décadas. Como corresponsal en Varsovia de Reuters, cubrí dos viajes del papa Juan Pablo II a su tierra natal, y vi en persona la luz de esperanza y coraje que encendió en los corazones de su gente.

Juan Pablo II nunca perdió la Humanidad, el humor, la compasión de Karol Wojtyla, el filósofo, profesor y actor que había trabajado en una cantera y en la Iglesia clandestina durante la brutal ocupación de su país por los nazis.

Bien parecido y paternal, el Papa arrasó en su tierra natal en el verano de 1979, combinando el atractivo de una estrella de rock con el poder de un ángel vengador. Cerca de 13 millones de compatriotas suyos abarrotaron las plazas, las praderas y los parques para verle. Aunque predicó paciencia y sacrificio, los polacos se sintieron galvanizados por su mensaje de que debían creer en sí mismos y en el poder de Cristo.

Al contrario que en sus distantes y taimados gobernantes comunistas, los polacos encontraron en la presencia del Papa algo directo y alcanzable. Incluso aquéllos que apenas podían ver la alta figura envuelta en sus ropas blancas y doradas, diluidos en una concurrencia de un millón de personas, se sintieron tocados personalmente, tanto en las praderas de las afueras de Cracovia como en el suelo pavimentado de la céntrica plaza de la Victoria, en Varsovia.

Dos décadas después, Lech Walesa, el electricista de los astilleros de Gdansk que lideró Solidaridad y se convirtió en presidente de Polonia, evaluaba el impacto del Papa. «El comunismo acabó porque era un mal sistema. Sin embargo, yo diría que el influjo del Santo Padre en su caída fue de cerca de un 50 por ciento, y el de Solidaridad puede haber sido del 30 por ciento.» Antes de la elección de Karol Wojtyla, Walesa había luchado mucho para conseguir el apoyo de docenas de personas a su llamada por la libertad. Después, decía, había tenido millones detrás de esa causa.

La llama permaneció encendida en Polonia incluso después de que el líder del ejército, el general Jaruzelski, declarase la ley marcial durante una noche de nieve el 13 de diciembre de 1981, en un desesperado intento por salvar el control comunista. El papa Juan Pablo II regresó en 1983 para renovar la fe de su pueblo en su liberación final y en el poder de su propia cultura e historia, y su creencia en la verdad.

El país se puso en marcha una vez más. La gente confirmó la incapacidad de los gobernantes y de la policía comunista para controlar su pensamiento y esperanzas. En Cracovia, justo fuera del centro medieval de la ciudad, me senté por la noche en una habitación de hotel contemplando el camino que llevaba a las praderas donde el Papa iba a hablar al día siguiente. Toda la noche hubo un flujo interminable de personas. Caminaban al suave ritmo de gruesos tambores, elevando a veces las voces para cantar himnos. Fue una constante marcha de decenas de miles de personas que arrastraban los pies y murmuraban.

A través de la oscuridad y de los sonidos contenidos irradiaba una excitación casi palpable. Al amanecer, el sol se elevó sobre una de las mayores multitudes reunidas nunca en la historia de la Humanidad, que se dividió en dos para permitir la procesión papal hacia el altar en mitad de los campos. Yo iba en un todoterreno delante del vehículo del Papa, y pasé ante caras de jóvenes de uno y otro sexo, de mujeres y hombres, todas vueltas para captar la magia, algunas mejillas brillantes de lágrimas, algunos brazos levantados formando con los dedos el signo de la victoria de Solidaridad. Por todas partes expectación.

En su parada en Czestochowa, uno de los santuarios más sagrados de Polonia, medio millón de personas se reunieron bajo los muros del monasterio. Charlaban y cantaban, y no dejaban hablar al Papa, diciendo: «el Papa con nosotros», y «más cerca más cerca». En un clásico ejemplo del sentido teatral de Karol Wojtyla, éste dijo: «Me acercaré», y avanzó hacia el gentío mientras un auxiliar luchaba por acercarle el micrófono. La gente estaba encantada, y esto les calmó.

Después de un día en helicóptero saltando de misas al aire libre a reuniones con sus obispos y sesiones informales con sus compatriotas, el Papa retornó tarde al monasterio. Las multitudes esperaban en la oscuridad para poder verle un instante. De repente, relampagueó un foco en una alta terraza entre las almenas, y allí estaba, con una capa escarlata sobre sus hombros, recobrando la energía ante el mar de personas que cantaban entre los árboles y en el césped, bajo los oscuros muros. Parecía flotar sobre la muchedumbre, incansable, intocable.

Las fotografías de la reunión formal entre el Papa y Jaruzelski en Varsovia ponían de relieve el abismo que había entre el agente uniformado que los polacos creían que era el enlace de Moscú y el mensajero de la esperanza, paz y perdón nacionales. A un lado estaba la rígida figura del calvo general, con su pecho lleno de medallas y las gafas oscuras que ocultaban sus ojos.

Como contraste, el Papa, vestido de blanco, relajado y confiado, trasladaba un mensaje sencillo: que la reconstrucción de la sociedad destrozada por las enérgicas medidas de los militares sólo podía venir de la puesta en práctica de los acuerdos sociales a los que se había llegado con la en ese momento prohibida Solidaridad en 1980. Era la voz del pueblo.

En todas sus visitas, incluyendo probablemente su última en 2002, cuando dijo adiós a sus compatriotas entre lágrimas, el mensaje esencial a sus adorados polacos seguía siendo resuelto e idéntico: «no temáis», y «vivid en la verdad».

Lech Walesa con una de sus hijas. Gdansk, noviembre 1980.
Chris Niedenthal/FORUM

De rodillas, Lech Walesa y su esposa Danuta durante una misa
del Papa en Polonia, el 12 de junio de 1987.
Luciano Mellace/Reuters

Trabajadores de los astilleros en huelga cuelgan un retrato
del Papa en una puerta del astillero en Gdansk.
Leszek Wdowinski/FORUM

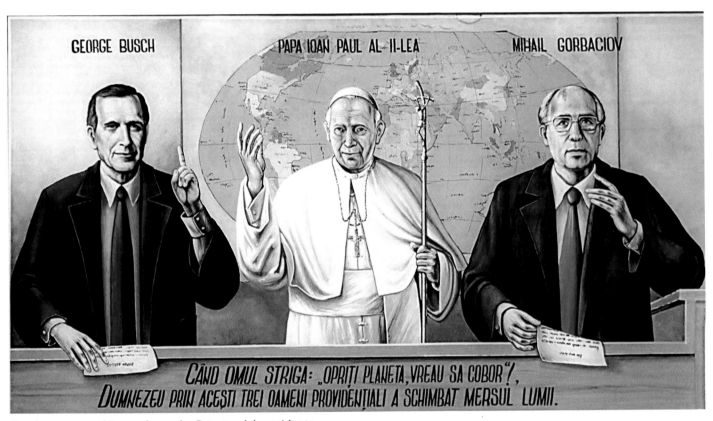

Hombres que cambiaron el mundo. Retratos del presidente
de Estados Unidos, George H. W. Bush, del Papa y del líder
soviético Mijail Gorbachov en una iglesia ortodoxa
de Rumanía, en el pueblo de Petresti, antes de la visita del
Papa al país, el 26 de agosto de 2001. Bogdan Cristel/Reuters

El Papa y el líder soviético Mijail Gorbachov en su primera
e histórica reunión en el Vaticano, el 1 de diciembre de 1989.
Luciano Mellace/Reuters

Luchadores de la Guerra Fría. El Papa con el presidente de
Estados Unidos Ronald Reagan en el Vaticano,
el 6 de junio de 1987. Fotografía del Vaticano

Con el presidente de Estados Unidos, George H. W. Bush, en el
Vaticano, el 8 de noviembre de 1991. Rick Wilking/Reuters

Una Alemania reunificada. El Papa y el canciller Helmut Kohl
en la famosa Puerta de Brandenburgo de Berlín, el 23 de junio
de 1996. Reinhard Krause/Reuters

Instantáneas del «jefe». Los obispos convertidos en fotógrafos durante la visita del Papa a Wroclaw, Polonia, el 31 de mayo de 1997. Leszek Wdowinski/Reuters

Con jóvenes polacas en su residencia de verano,
el 7 de agosto de 2002. Dylan Martinez/Reuters

¡Ahí está! Niños polacos señalan al helicóptero papal a la
llegada de éste a Radzymin, Polonia, el 13 de junio de 1999.
Vincenzo Pinto/Reuters

Las monjas saludan al Papa en Cracovia, Polonia,
el 18 de agosto de 2002. Jerry Lampen/Reuters

Pasando revista a una guardia de honor militar polaca
en Cracovia, Polonia, el 16 de agosto de 2002.
Vincenzo Pinto/Reuters

Tal como eran. El Papa comparte comida y recuerdos con
viejos compañeros de la escuela en Cracovia, Polonia,
el 18 de agosto de 2002. Fotografía del Vaticano

Con un superviviente de un campo de concentración. El Papa saluda a Zbigniew Mazurek, que lleva el uniforme de prisionero de sus días en el campo Gross-Rosen durante la Segunda Guerra Mundial. Legnica, Polonia, 2 de junio de 1997. Jerry Lampen/Reuters

Un hijo devoto. Demasiado débil para bajar de su
«papamóvil», el Papa se detiene para rezar ante la tumba
de sus padres en el cementerio de Cracovia,
el 18 de agosto de 2002. Vincenzo Pinto/Reuters

Cracovia, Polonia. En la novena visita papal a su tierra natal.
17 de agosto de 2002. Vincenzo Pinto/Reuters

Bajo el águila polaca. Hablando a los políticos en Varsovia,
el 11 de junio de 1999. Jerry Lampen/Reuters

# De gira
# con el papa Juan Pablo II

## Philip Pullella

Lech Rynkiewicz cuenta los kilómetros y lleva el cómputo de los días, las horas y los minutos. Calcula la relación entre esos kilómetros y la distancia entre la Tierra y la Luna y la circunferencia del globo terráqueo. No es ni un astrónomo ni un cartógrafo, sino un sacerdote polaco que lleva la cuenta de los viajes del papa Juan Pablo II para Radio Vaticano. Cada vez que el Papa regresa de un viaje fuera de los muros del Vaticano, Rynkiewicz se sienta en su pequeño despacho y actualiza su cuaderno de bitácora. Cuando el Papa comenzó el año 25 de su pontificado, el 16 de octubre de 2002, había viajado un total de 1.237.584 km, o 773.490 millas. Esto, según demuestran las estadísticas del padre Rynkiewicz, es casi 30 veces la circunferencia del globo, y más de tres veces la distancia entre la Tierra y la Luna. Cuando cumplió su 24 aniversario, el Papa había estado fuera del Vaticano durante 946 días, 17 horas y 5 minutos, lo que significaba el 11 por ciento del tiempo de su papado. Había realizado 142 viajes por Italia, y visitado 129 países diferentes en 98 viajes al extranjero. Esto sin incluir los centenares de visitas a parroquias, instituciones e iglesias en el área de Roma.

Comparar al papa Juan Pablo II con sus predecesores es como comparar a Cristóbal Colón con un teleadicto. Tres pontífices de finales del siglo XIX y principios del XX —León XIII, Pío X y Benedicto XV— nunca salieron del Vaticano, como consecuencia de los disturbios políticos en Italia entre 1870 y 1929. Pío XII, que fue Papa de 1939 a 1958, sólo dejó Roma para ir a la residencia papal de verano, al sur de la capital italiana. El papa Juan XXIII hizo sólo dos viajes, ambos por Italia, durante sus años de papado, de 1958 a 1963. El papa Pablo VI comenzó los viajes internacionales en 1964, un año después de su elección, pero hizo solamente nueve viajes en 15 años. Antes de Pablo VI, ningún Papa había dejado Italia desde Pío VII, que fue obligado por Napoleón a exiliarse en Fontainebleau, en 1812.

Para quienes conocían a Wojtyla antes de su elección como Papa en 1978, su inquietud viajera no constituyó una sorpresa. Como cura en Polonia, se subía a una bicicleta para ir a visitar a sus parroquianos. Cuando quería debatir algún problema con sus jóvenes estudiantes, organizaba viajes a las montañas Tatra o a los lagos del norte de Polonia para poder caminar y charlar, hacer senderismo y charlar, navegar en canoa y charlar. Juan Pablo II decidió muy pronto dejar su sello en el papado, en lugar de permitir que el papado dejase su sello en él. Salir del Vaticano, al que más de una vez comparó con una cárcel, le ayudaría a ello. «Hay que conocer esa prisión para apreciar esta libertad», dijo a los reporteros que le habían seguido a un pequeño pueblo en los montes Dolomitas en el norte de Italia durante las primeras vacaciones «privadas» que un Papa se tomaba en los tiempos modernos. Al principio de su pontificado, el Papa encontró mucha resistencia a sus planes de viaje en la burocracia superformalista del Vaticano, conocida como la curia. Muchos pensaban que un promedio de cuatro viajes largos al año era demasiado. El Papa dijo al escritor católico italiano Gian Franco Svidercoschi en 1989 que cuando fue elegido no tenía idea de que iba a viajar tanto. «Pero algo nuevo estaba tomando forma. Por una parte, estaba mi cada vez más convencido deseo de hacer los viajes, y por la otra crecía el deseo de las iglesias locales de recibir mis visitas», dijo.

## La marcha del peregrino

Los periodistas dieron rápidamente con algunos apodos pegadizos para el pontífice viajero, «el trotamundos de Dios» y el «Papa peregrino» entre ellos. Sin embargo, para Juan Pablo II, los viajes eran un instrumento para la enseñanza, una extensión de su mensaje y de su autoridad, y de la política exterior del Vaticano. Antes de que los Papas empezaran a viajar, los mensajes y enseñanzas que emanaban de los reductos del Vaticano se filtraban a los fieles a través de capas de jerarquía católica y de los crujientes púlpitos de madera donde predicaban los párrocos. Con Juan Pablo II, sin embargo, el mundo se convirtió en su púlpito. Así, se le podía encontrar predicando el «sermón de la montaña» en el Yankee Stadium de Nueva York, diciendo a los americanos que no podían olvidar a sus pobres, o en Viena predicando la tolerancia en la misma plaza en la que Adolf Hitler se dirigió a las masas que le aclamaban antes del comienzo de la Segunda Guerra Mundial. Podíamos verlo arrodillado en Auschwitz, rezando por los judíos víctimas del holocausto, o con una cuchara comiendo la comida del hospital Kaligat de la madre Teresa en los arrabales de Calcuta, o en la isla senegalesa de Goree, de pie en la estrecha bahía llena de piedras donde millones de africanos habían sido embarcados en los barcos de esclavos. «Desde este santuario africano de dolor negro, imploramos perdón al cielo», dijo en Goree. Y en la zona cero de Hiroshima, se le escuchó decir que «recordar Hiroshima es aborrecer la guerra».

Los mensajes papales, antes distantes y complicados, llegaron a los hogares con inesperada claridad, precisamente porque se pronunciaron en los lugares donde la gente vivía, trabajaba y moría. El lugar era parte del mensaje. En varios países, entre ellos Polonia y Filipinas, las visitas papales reunieron a las muchedumbres mayores de la historia de la nación, superando a los desfiles militares, las conmemoraciones de las liberaciones y los funerales estatales. Y aún así, muchos de los asistentes en San Salvador o en San Francisco, en París o en la Ciudad de Panamá, dijeron a menudo a los reporteros lo mismo: «Me siento como si me estuviera hablando solamente a mí, como si estuviéramos los dos solos». Por ello, los medios dieron otro apelativo al Papa: «el gran comunicador». Se conjugaba su capacidad para predicar a millones con el hecho de llegar al corazón de cada individuo con la precisión de un francotirador espiritual.

## Todo trabajo, nada de juego

Aunque elegido de por vida, el Papa ha viajado y ha hecho campaña como si estuviera ganándose un puesto de trabajo. En los primeros días de su papado, cuando a veces pronunciaba más de diez discursos en un día, su ritmo era tan exigente que los clérigos del Vaticano y los periodistas que le acompañaban, y que no tenían más que la mitad de su edad, volvían exhaustos a Roma. Casi nunca visitó los lugares que la mayor parte de la gente iba a ver en Nueva York, París, México o Bangkok. Pero a menudo se aprovechó de su poder simbólico para añadir fuerza a su mensaje. Estuvo en el Battery Park del bajo Manhattan, a la sombra de la Estatua de la Libertad, y animó a los americanos a que no olvidaran nunca su cultura de inmigrantes o a que no cerraran sus puertas a los que llegasen. En lugares como Estados Unidos, donde algunos católicos disentían abiertamente, el viaje era una espada de dos filos. El Papa hablaba, pero quienes le escuchaban le contestaban. En una reunión en Los Ángeles en 1987, el cardenal Joseph Bernardin dijo al Papa, en público, que sencillamente no entendía el espíritu librepensador de los americanos. «Es importante saber que muchos americanos, dada la libertad de que han disfrutado durante más de dos siglos, reaccionan negativamente casi de forma instintiva cuando se les dice que tienen que hacer algo», dijo Bernardin. El Papa respondió: «A veces se ha pretendido que disentir es totalmente compatible con ser un buen católico y que no plantea obstáculos para la recepción del sacramento. Éste es un error grave. La disensión es disensión y, como tal no se puede proponer o recibir en pie de igualdad con la enseñanza auténtica de la iglesia». Ahí estaba, en el terreno del otro, recordándole las reglas, sus reglas.

## Entrevista papal a 11.000 metros

Antes de Juan Pablo II, los encuentros regulares del Papa con los medios de comunicación fueron prácticamente inexistentes. Él cambió esto, al hablar con los reporteros que le acompañaban en sus viajes. Los viajes internacionales del Papa se convirtieron rápidamente en oportunidades preciosas, porque eran la única ocasión en la que los reporteros podían plantear preguntas directamente al líder de mil millones de católicos. Durante los primeros viajes se producía un caos total. El Papa aparecía en la sección trasera del avión donde viajaban unos 50 periodistas. Iba de un pasillo del ancho cuerpo del avión al otro aceptando pregunta tras pregunta. Las bandejas de comida volaban cuando los reporteros saltaban sobre los asientos para escuchar lo mejor posible. El personal de cabina no se divertía. A veces, se veían obligados a intervenir los ayudantes del Papa como si fueran los encargados de proteger de los alborotadores a una estrella de rock, agarrando a un reportero por las solapas y arrojándole al asiento. En un viaje, todos los periodistas corrieron hacia un pasillo del avión para oír al Papa, y el piloto tuvo que ordenarles que regresaran a sus asientos porque el avión se desequilibraba. Otra conferencia de prensa celebrada en los cielos fue cortada por las turbulencias. El Papa se lo tomaba todo muy bien, riéndose a veces del impropio alboroto que se formaba en torno a él.

El Papa creía que era importante tener un contacto individual con cada reportero. Se dio cuenta pronto de que los medios de comunicación iban a jugar un papel importante en su pontificado, y a menudo habló de la responsabilidad de los periodistas. «Nadie puede ser periodista para servir su propósito en exclusiva —dijo una vez a los reporteros—. Vuestra profesión requiere un esfuerzo constante e insistente para conectar con la realidad, y requiere también un discernimiento equilibrado que salvaguarde claramente la verdad y los deberes hacia la sociedad». La hermana Mary Ann Walsh, una monja americana que trabajaba como reportera en Roma a principios de los años ochenta, recordaba un episodio revelador. «Estaba sentada en la parte delantera de la sección de los reporteros, leyendo, cuando de repente tuve ante mis ojos su blanca manga. El Papa había venido hacia atrás, a nuestra sección, antes de lo que esperábamos, y extendía sus manos para estrechar las de los reporteros. Yo traté de ponerme de pie, pero me quedé pegada al asiento como consecuencia del cinturón de seguridad. Busqué a tientas el cuaderno de notas, y me di cuenta, con frustración, de que se me estaba escapando un momento que había estado tratando de buscar, una rara oportunidad de hacer al Papa una pregunta publicable. El Papa se dio rápidamente cuenta de la situación, sonrió y dijo "ahora vuelvo". Yo pensé que todo estaba perdido, hasta que, un

*(continúa en pág. 86)*

Un viajero cansado. El Papa regresa a Roma, 21 de junio de 1998. Paolo Cocco/Reuters

# Charcos en el paraíso

### Por Luciano Mellace

El 11 de noviembre de 1986, llegamos a Suva, Fiji, una parada en el viaje del papa Juan Pablo II a través del Pacífico Sur. Una tormenta tropical había pasado por las islas, dejando el aeropuerto lleno de charcos. Yo reparé en que los organizadores habían tratado de encontrar una estera de paja para ponerla sobre la pista, de manera que el Papa pudiese besar el suelo sin mojarse la sotana. Estábamos en una isla asociada al sol y a las playas.

Todo el lugar estaba chorreando después de la tormenta, y yo supe que tenía que captar la religión, pero también la lluvia. Cuando los organizadores encontraron un punto relativamente seco entre los charcos para colocar la estera, yo me coloqué también para sacar la foto que quería. Vi la foto en mi mente antes de apretar el disparador. Acerqué la imagen con una lente larga y la concentré en un charco de agua justo delante de la estera del Papa. Cuando el Papa se vio reflejado en el agua, disparé para obtener el efecto del espejo.

Esa tarde, estaba enviando la foto a los cuarteles generales de Reuters en Londres, mediante un tambor giratorio de un viejo transmisor, un tosco precursor de los escáneres actuales. El portavoz del Papa, Joaquín Navarro-Valls entró por casualidad en el centro de prensa, y cuando vio la foto me pidió que le diese una copia.

Al día siguiente, en el avión que nos llevaba a Nueva Zelanda, la siguiente parada en el viaje, Navarro llevó la foto a la parte delantera del avión, donde estaba sentado el Papa. Regresó unos minutos más tarde con la foto firmada por el Papa con su título formal en latín: *Joannes Paulus PP II*. Me dijo que había provocado una sonrisa en el Papa.

Algunos de mis colegas fotógrafos estaban celosos. Preguntaron si el Papa podía firmarles algunas de sus propias fotografías, pero fue en vano. A lo largo de mi carrera, en la que he cubierto los viajes de cinco Papas, ha sido la foto que me ha proporcionado más satisfacción. Ahora la tengo enmarcada y colgada en una pared en mi casa.

El papa Juan Pablo II reflejado en un charco de agua mientras besa el suelo después de tomar tierra en el aeropuerto Nausori, Suva, Fiji, el 21 de noviembre de 1986.
Luciano Mellace/Reuters

Bajo la Virgen de Guadalupe y la bandera nacional en Ciudad de México, 23 de enero de 1999.

momento más tarde, de vuelta a su asiento, el Papa se detuvo delante de mí como había prometido y yo pude formularle mi pregunta».

El Papa hizo un promedio de cuatro viajes al año, de manera que las preguntas a bordo del avión se centraban regularmente sobre el país o la región a los que se dirigía o a un acontecimiento mundial que hubiera ocurrido desde su último viaje. Regularmente, los reporteros se «confabulaban» contra el Papa, haciéndole una y otra vez la misma pregunta, o una variación de la misma, con la esperanza de extraer algo

sobre una materia delicada que él prefiriese evitar. En los últimos años, el Papa cedió ante sus ayudantes y el personal de la compañía aérea, que deseaban tomar las riendas ante la confusión. Se ideó un tosco sistema de sonido centralizado. El Papa permanecía en los primeros lugares de la parte trasera, y aceptaba sólo unas cuantas preguntas de los reporteros, a los que se les había pedido que permanecieran en sus asientos. Era quizás más eficaz, pero la chispa había desaparecido, y con ello la diversión. A veces, uno podía ver en los ojos del Papa todavía esa chispa del comunicador, el deseo de regresar al contacto individual y al irreverente caos a 11.000 metros.

# El pontificado del Papa viajero

En los primeros 24 años de su pontificado, el papa Juan Pablo II se ha convertido en el más viajero de la historia, habiendo recorriendo casi 1.300.000 km en viajes por Italia y por el extranjero, distancia equivalente a cerca de 30 veces la longitud del diámetro de la Tierra.

## Países visitados por el papa Juan Pablo II

▢ Una vez ▢ Dos veces ▢ Tres veces ▢ Cuatro o más veces

## Marcas papales

- Cerca de **100** viajes fuera de Italia.

- Cerca de **130** países y territorios visitados.

- Cerca de **150** viajes en Italia.

- Más de **300** visitas a Roma.

- Más de **1.300** personas beatificadas, más que todos sus predecesores de los cuatro últimos siglos juntos.

- Unas **465** personas canonizadas.

- Más de **200** cardenales nombrados, incluyendo el 95 por ciento de los que tienen menos de 80 años y pueden elegir a un Papa nuevo.

- Conversaciones con más de **1.300** líderes políticos.

*Actualizado el 20 de octubre de 2002*

## Mitos fundamentales de los viajes del Papa

 **1979** Hace su primer viaje fuera de Italia: a **México**, la **República Dominicana** y las **Bahamas**.

 **1993** Hace un histórico primer viaje a países de la antigua Unión Soviética: **Letonia**, **Lituania** y **Estonia**.

 **2000** Hace un histórico viaje a Tierra Santa, visitando los lugares sagrados en **Israel** y en los **territorios palestinos**.

 **1979** Regresa a casa, a **Polonia**. El viaje se convierte en un gran factor para el nacimiento del movimiento Solidaridad.

 **1995** Primer viaje al extranjero desde su operación de la pierna, concretamente a Asia. Reúne en **Filipinas** a más de 4 millones de personas.

 **2000** En una visita a **Portugal** revela el llamado «tercer secreto de Fátima», que predecía el atentado contra su vida en 1981.

 **1982** Visita **Gran Bretaña**. En un gran paso para la reconciliación con los anglicanos, reza con el arzobispo de Canterbury.

 **1996** Predica la tolerancia religiosa entre los cristianos y los musulmanes durante un viaje a **Túnez.**

 **2001** Visita **Siria** y vuelve a hacer historia al convertirse en el primer Papa que entra en una mezquita.

 **1990** Vuela a **Checoslovaquia** para saludar la caída del comunismo con el presidente Vaclav Havel.

 **1998** Viaja a la comunista **Cuba**, la primera visita papal a la nación isleña, y se reúne con el presidente Fidel Castro.

 **2002** Realiza una emotiva visita a **Polonia**, en su viaje número 98 al extranjero y el noveno a su tierra natal desde que accedió al papado.

*Fuente: Reuters*

Con la Madre Teresa en las afueras de su casa para indigentes. Calcuta, India, 3 de febrero de 1986.
Luciano Mellace/Reuters

# Un beso no es sólo un beso

Cuando el Papa aterrizaba, el mundo veía lo que se había convertido en uno de su gestos distintivos: besar el suelo. A veces el gesto estaba cargado de significado emocional y político, como el beso en el aeropuerto de Colonia cuando visitó Alemania por primera vez en 1980. Era un Papa que besaba el suelo del país que había tratado de suprimir su Polonia natal en una guerra que había terminado sólo 35 años antes. Incluso los obispos alemanes y polacos tenían relaciones frías, y algunos alemanes cuestionaban la validez de las fronteras posteriores a la guerra. Con un beso en la pista de un aeropuerto alemán, el Papa envió un mensaje a todos, incluyendo a sus propios obispos: «La guerra terminó hace mucho tiempo. Sigamos adelante».

Un beso papal en una tierra disputada podía ser más que un beso; y podía tener enorme peso político. Un lugar en el que el Papa no besó el suelo fue Timor Oriental en 1989, cuando el territorio estaba todavía bajo gobierno de Indonesia. El cardenal Roberto Tucci, que fue el principal organizador de los viajes papales durante más de veinte años, recordaba cómo manejó el Papa la delicada situación. «Los generales de Indonesia insistían en que el Papa no debía reconocer a Timor Oriental como un Estado independiente, y el Papa no tenía intención de hacerlo en ese momento. Él deseaba simplemente que los habitantes de Timor Oriental pudieran ver respetados sus derechos humanos, su religión y su lengua y cultura. Como la situación era difícil, se arregló antes que el obispo Carlos Belo llevaría un gran crucifijo y el Papa lo besaría en lugar de besar la tierra del aeropuerto. Cuando llegamos, salimos del avión y vimos que no había crucifijo en la pista. Belo me dijo que las autoridades lo habían confiscado. Más tarde, cuando el Papa se estaba preparando para la misa, me llamó a la sacristía y me dijo que colocase un crucifijo sobre un cojín en el suelo ante el altar. Cuando el Papa llegó al altar para comenzar la misa, se inclinó para besar el crucifijo que estaba en la suelo. Esto sentó mal a los generales indonesios».

## Misas y masa crítica

Belo obtuvo el premio Nobel de la Paz en 1996, y Timor Oriental consiguió la independencia en 2002. Fue sólo uno de los lugares que el Papa visitó en momentos en los que las revoluciones sociales estaban reuniendo masa crítica y en los cuales su presencia se convirtió en un catalizador para el cambio. El «efecto papal» no se limitó a Polonia. Dejó su marca también en otras partes. En 1981, el Papa visitó Filipinas, el único país predominantemente católico de Asia. El dictador Ferdinand Marcos y su esposa Imelda, la reproducción en Asia de Eva Perón en Argentina, estaban furiosos con los obispos partidarios de la democracia, y querían que el Papa los mantuviese a raya. Durante el viaje, el Papa defendió los derechos humanos. Muchos creen que las

En Guatemala, 30 de junio de 2000. Jorge Silva/Reuters

Entre los fieles. En el Día Mundial de la Juventud en Roma, el 19 de agosto de 2000. Paolo Cocco/Reuters

semillas del «poder del pueblo», la revolución que barrería el país en 1985 y 1986, fueron sembradas durante la visita del Papa. Galvanizados en parte por lo que el Papa había dicho en 1981, el cardenal Jaime Sin, el siempre sonriente pero duramente dispuesto cardenal arzobispo de Manila, y otros obispos partidarios de la democracia, elevaron sus críticas contra el régimen represivo de Marcos. En 1983, el líder de la oposición, Benigno Aquino, fue asesinado en el aeropuerto de Manila cuando regresaba del exilio. La oposición era cada vez más fuerte, y se unificó cuando la viuda de Benigno, Corazón Aquino, anunció su candidatura a la presidencia en unas elecciones fáciles que Marcos había convocado para

febrero de 1986. El cardenal Sin y sus obispos respaldaron el Movimiento Nacional de Ciudadanos por unas Elecciones Libres. Las elecciones fueron amañadas y Marcos ganó. Sin y los obispos presionaron, a pesar de que había un cierto nerviosismo en el Vaticano por su implicación en política. Los obispos, a través de emisiones de radio en Radio Veritas, propiedad de la Iglesia, impulsaron las manifestaciones no violentas y la resistencia pasiva. Dos generales rompieron con Marcos y declararon que Aquino era la legítima presidenta. Sólo el escudo humano de cientos de miles de personas, organizado y dirigido por la Iglesia, protegió a los generales rebeldes de los leales a Marcos, impidiendo un baño de sangre

Baldeo con agua. Un bombero de Roma refresca a una
multitud que pasaba calor en la plaza de San Pedro
el Día Mundial de la Juventud, el 15 de agosto de 2000.
Paul Hanna/Reuters

y posiblemente una guerra civil. Ferdinad e Imelda Marcos
salieron para el exilio en Hawai y Sin voló a Roma para ser
felicitado por un Papa que podía respirar tranquilo.

Las visitas papales a otros muchos países ayudaron también
a reaccionar a la gente para plantar cara a los dictadores. En
una relampagueante visita a Puerto Príncipe, Haití, en 1983,
el Papa reprendió al presidente Jean Claude Duvalier, cuya
corrupta familia había mantenido al pueblo del que
entonces era el país más pobre del hemisferio occidental en

la miseria, al tiempo que ellos se enriquecían. Después de la
visita, movimientos religiosos formados por gente de la calle,
utilizando radiocasetes con la homilía anti Duvalier del
Papa, hicieron un llamamiento al cambio. En 1986, «Baby
Doc» y su elegante esposa huyeron al exilio en Francia. Uno
de los líderes de esa revolución, el padre Jean-Bertrand
Aristide, se convirtió en presidente en 1991, pero para
entonces ya había sido expulsado de su orden religiosa por
su defensa de la lucha de clases violentas para conseguir la
justicia social.

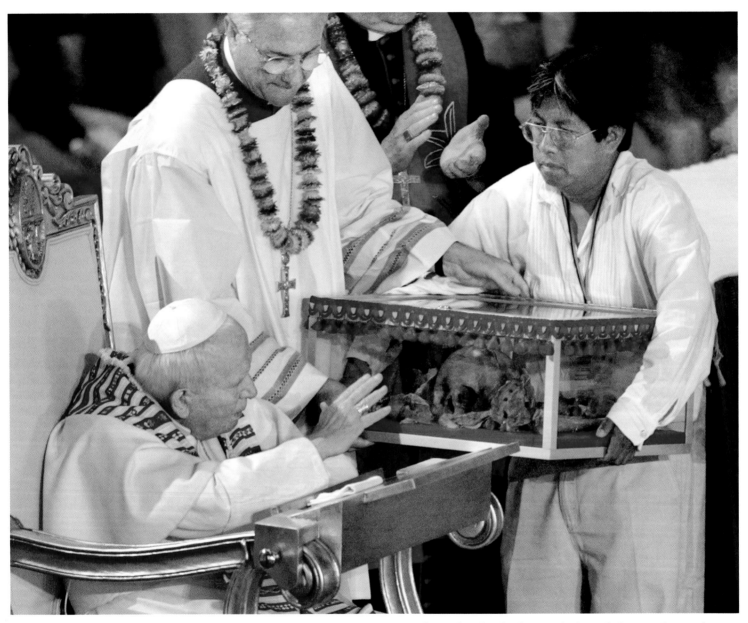

El Papa bendice los huesos de dos mártires mexicanos durante una misa de beatificación, Ciudad de México, 1 de agosto de 2002. Andrew Winning/Reuters

Cuando el Papa visitó Paraguay en 1988, el general Alfredo Stroessner llevaba 35 años de poder ininterrumpido. Unos cuantos días antes del comienzo de la visita, Stroessner prohibió un encuentro programado entre el Papa y el grupo paraguas de la oposición, Constructores de la Sociedad. Fue un pulso sin precedentes. El Vaticano no parpadeó y Stroessner retrocedió por primera vez en más de tres décadas. "Hasta los dictadores saben cuándo tienen que ceder", recordaba el cardenal Tucci, antiguo organizador de los viajes papales. La reunión se celebró en un campo de deportes donde los oponentes políticos, muchos de ellos estudiantes universitarios, se colocaron una cinta adhesiva en la boca para poner de manifiesto que no tenían voz en la sociedad. Se trataba de un reto al dominio de hierro de Stroessner y su Partido Colorado. Menos de un año después, Stroessner fue derrocado en un golpe de Estado y huyó a Brasil. Se celebraron entonces elecciones libres, y Paraguay entró también en el club de las democracias de Latinoamérica.

En 1987, el Papa visitó Chile en unos momentos en los que aún tenía al país entre sus garras el general Augusto Pinochet. También allí la visita dio a la oposición la oportunidad de manifestar sus puntos de vista ante los medios de comunicación mundiales. Los estudiantes tomaron las calles de Santiago cantando: «Juan Pablo, hermano, quítanos el tirano». En la planificación del viaje, los organizadores del Vaticano insistieron en que el Papa se reuniese con la oposición política. El Papa había establecido el tono incluso antes de llegar, diciendo a los reporteros a bordo del avión que Pinochet «caerá más pronto o más tarde». Al año siguiente de la visita, un plebiscito nacional rechazó el régimen militar. La caída, lenta pero firme, de Pinochet había comenzado.

## Aureolas de cosecha propia crucifixiones del siglo XX

El papa Juan Pablo II ha hecho más santos y beatos que todos sus predecesores juntos. Desde el comienzo de su papado sintió que era importante reflejar la naturaleza universal de la Iglesia celebrando ceremonias para santificar o beatificar a los elegidos en la tierra donde habían vivido. Así que se fue a Madagascar, Papúa Nueva Guinea, Australia y Corea del Sur para honrar a las luminarias religiosas locales. Continuó con esta práctica incluso cuando la debilidad comenzó a pasarle factura. En el verano de 2002, cuando tenía 82 años, añadió Guatemala y México a un de por sí largo viaje a Canadá para celebrar tres ceremonias de canonización y beatificación.

Sus visitas ofrecieron a menudo consuelo a las Iglesias locales que habían sufrido. En 1982, en uno de sus primeros viajes a África, el Papa insistió en que sus auxiliares incluyesen en su itinerario una parada en Guinea Ecuatorial. La pequeña nación de África Occidental tenía una población de unos 350.000 habitantes, menos que algunas de las ciudades que rodeaban a Roma, pero un pasado reciente trágico. En 1972, Francisco Macías se nombró a sí mismo presidente vitalicio y comenzó un reinado de terror que virtualmente aisló al país del mundo exterior. Los arrestos y las ejecuciones sumarias estuvieron a la orden del día. Los sacerdotes que se atrevieron a oponérsele fueron crucificados, y sus cuerpos quedaron colgando bajo el sol africano como advertencia para otros. Macías fue derrocado en 1979 y, más tarde, ejecutado. El Papa dijo a los reporteros en el avión que le llevaba en ese viaje africano: «Cuando mis auxiliares me dijeron lo que había ocurrido ahí, les dije: tenemos que ir; tenemos que ir; encuentren una forma de ir».

Sin embargo, una vez el Papa no consiguió su propósito. Durante la guerra de Bosnia, en 1994, la curia le convenció para que abandonara sus planes de visitar la capital Sarajevo como un «peregrino de la paz» después de que las fuerzas serbias de Bosnia se negaran a garantizar la seguridad de la población local. La visita se realizó en 1997, después de terminada la guerra.

En 1993, el Papa hizo su primer viaje a países de la antigua Unión Soviética, una peregrinación de siete días que hubiera sido impensable sólo cuatro años antes. Lituania, la más católica de las repúblicas bálticas, había pagado un alto precio durante el comunismo, pues centenares de miles de personas, incluidos obispos y sacerdotes, fueron enviadas a morir en los campos de trabajo de Siberia durante la era estalinista. El Papa rindió tributo a los católicos que habían sufrido la opresión comunista visitando la colina de las cruces, en el pueblo de Meskuiciai. La colina se había convertido en un símbolo de libertad, primero contra la Rusia imperialista en el siglo XIX, y más tarde contra el totalitarismo soviético. Los católicos habían plantado miles de cruces de madera allí como símbolo de su fe y de sus ansias de libertad. En el siglo XIX, los soldados del zar quemarían las cruces. En el siglo XX, los *bulldozers* comunistas las arrasarían. Pero siempre se volvían a erigir. Cuando el Papa visitó el país en 1993, caminó a través de un bosque de más de 10.000 cruces, algunas de sólo unos centímetros de alto, otras tan altas que parecían como si estuviera andando a través de un campo de maíz, en un día sin viento.

En Albania, en 1993, el Papa homenajeó a los sacerdotes a los que se les había dejado morir en el fondo de una mina en el que el dictador estalinista Enver Hoxha había declarado orgullosamente primer Estado oficialmente ateo del mundo. En la ciudad norteña de Shkoder, consagró a cuatro nuevos obispos, incluido uno que había sido condenado a morir después de que se le hubieran inventado cargos de ser un espía del Vaticano. El mismo año añadió una parada de nueve horas en Sudán a un viaje ya planificado a África. En una tensa reunión en Jartum, miró fijamente a los líderes islámicos radicales del país y les pidió que respetasen los derechos de los cristianos en el sur.

## Diferencias entre los (comunistas) hombres y los muchachos

Dos viajes, con una diferencia entre ellos de 15 años, pusieron de relieve los riesgos y recompensas de las visitas papales para anfitriones que pasaban por ser marxistas convencidos. El viaje a Nicaragua en 1983 y el viaje a Cuba en 1998 constituyeron estudios al contraste comunista. Ambos giraron en torno a dos comandantes: Daniel Ortega y Fidel Castro. Ortega aún lamenta probablemente su decisión de permitir que el Papa se detuviera en ese país de Centroamérica. Castro es probable que esté contento si tomamos todo en consideración. Nicaragua, que entonces estaba gobernada por los sandinistas, daba cobijo a una llamada Iglesia popular que el gobierno esperaba que pudiera acabar sustituyendo a la Iglesia institucional. La Iglesia popular estaba constituida por «comunidades de base» pequeñas, de estilo comunista, que a menudo identificaban la liberación cristiana con la revolución violenta. Nicaragua era un sueño hecho realidad para los medios de comunicación, todos los problemas políticos, religiosos y sociales de la región convenientemente concentrados en un pequeño país que iba a ser el foco principal de un viaje papal por América Central en marzo de 1983. El arzobispo de Nicaragua, Miguel Obando y Bravo, había apoyado en 1979 la revolución Sandinista contra la dictadura corrupta de la familia Somoza, respaldada por Estados Unidos. Pero más tarde se enemistó con los sandinistas por las cuestiones de los derechos civiles y las reformas democráticas. Para contrarrestar la influencia del obispo, los Sandinistas reclutaron a dos sacerdotes, Miguel D'Escoto y Ernesto Cardenal, para la Junta Revolucionaria, donde trabajaban en abierto desafío al Vaticano. El avión de Alitalia que llevaba al Papa acabó aterrizando en Managua el 4 de marzo. Ortega, vestido con uniforme militar, pronunció un discurso vitriólico, una diatriba antiamericana, bajo el sol ardiente. Uno de los sacerdotes que apoyaban al Gobierno, el ministro de cultura Ernesto Cardenal, permaneció en la línea de recepción de la pista del aeropuerto vistiendo una camisa blanca sin cuello y una boina negra. En una escena que se hizo famosa en todo el mundo, Cardenal se arrodilló, el Papa agitó su dedo sobre su cabeza y le dijo en español: «Tiene que enderezar su posición en la Iglesia».

La ceremonia de llegada fue sólo un aperitivo para la espectacular confrontación que se iba a producir más tarde. Los Sandinistas habían instalado un segundo sistema de sonido, secreto, en el lugar donde se iba a celebrar una misa al aire libre con la que el Papa concluía su visita de un día. También llenaron la parte delantera del campo con sus partidarios. Cuando el Papa leía partes de su homilía que no eran favorables al régimen, los Sandinistas bajaban el volumen de su micrófono y elevaban el volumen de los que habían puesto entre los partidarios del Gobierno. Los agitadores Sandinistas gritaron al Papa eslóganes tales como "poder popular". Claramente irritado, el Papa tuvo que pedir silencio. Para empeorar las cosas, los Sandinistas violaron un acuerdo con el Vaticano de quitar del escenario del altar grandes carteles de héroes revolucionarios marxistas. Fue imposible quitarlos en el último minuto.

En el intento de los Sandinistas de hacer que el Papa bendijera su revolución, el tiro les salió por la culata de manera miserable. Al recordar ese día, casi 20 años más tarde, el cardenal Tucci, que era entonces un simple sacerdote, dijo que los Sandinistas habían sido doblemente estúpidos. «En primer lugar, trataron al Papa de la manera en que lo hicieron. En segundo lugar, permitieron que todo el mundo viera lo que ocurría». Las emisoras de televisión nacionales de todos los países centroamericanos habían acordado emitir en directo todos los actos a todos los países. «Todo el mundo vio el sacrilegio que se estaba llevando a cabo mientras se producía, toda la región vio que se estaba profanando una misa papal y que los Sandinistas habían tratado de secuestrarla por razones políticas», dijo Tucci. Cuando el equipo papal regresó a su base en San José, Costa Rica, esa noche, se asombraron de ver a cientos de miles de personas en las calles. Las emisoras de radio y televisión de Costa Rica habían animado a la gente a abandonar sus casas para tomar parte en un «acto de reparación» por los «acontecimientos sacrílegos» de Managua y «consolar al Papa».

Llamando al orden a un sacerdote. El Papa agita su dedo ante el padre Ernesto Cardenal, que ocupaba un puesto en el gobierno revolucionario de Nicaragua desafiando las órdenes papales para que lo dejase. Managua, 4 de marzo de 1983.
Mario Tapia/Reuters

## El hombre de Dios en La Habana

Como contraste, la largamente esperada visita del Papa a Cuba en enero de 1998 transcurrió fundamentalmente sin problemas. Otro comandante, más gris, viejo y sabio, Fidel Castro, decidió, después de largas negociaciones con el Vaticano, que se podía seguir para adelante. «Castro me dijo que el Papa podía ir a donde quisiera y decir lo que quisiera. Que él (Castro) estuviera de acuerdo con lo que se dijese o no, era otro asunto. Castro manejó muy bien el tema», recordaba el cardenal Tucci.

Aunque el Gobierno de Castro había reprimido a la Iglesia católica después de la revolución de 1959, las restricciones nunca fueron de la escala de las de los regímenes comunistas en Europa del Este. Pero el Gobierno mantuvo firmemente el control, negando a la Iglesia el acceso a los medios de comunicación y limitando severamente los visados para los sacerdotes y monjas extranjeros. En los meses que precedieron a la visita, Castro y su Gobierno accedieron lentamente a los requisitos vaticanos. Joaquín Navarro Valls, un hábil español con una sólida presencia, que transmitía un aire de total autoconfianza, habló cara a cara con Castro durante siete horas, en una de las famosas reuniones nocturnas y divagantes del líder cubano. En el transcurso de la comida, con vino español y un puro como colofón, Navarro Valls triunfó donde los diplomáticos vaticanos habían fracasado. Convenció a Castro de que la imagen internacional de Cuba podía ganar mucho si el viaje tenía éxito y se preparaban ciertos gestos por adelantado. Castro accedió a declarar esas Navidades de 1997, un mes antes de la llegada del Papa, como fiesta nacional por vez primera desde la revolución. Navarro Valls también convenció a Castro para que aprobase unos 60 visados más para sacerdotes y monjas extranjeros. Otra serie de cuestiones fueron resueltas para satisfacción general del Vaticano antes de que comenzase el viaje.

El 21 de enero de 1998, el Papa aterrizó en La Habana. Su esperanza para el conjunto de la visita estaba quizás encerrada en una corta línea de su discurso de bienvenida: «Que Cuba, con todo su magnífico potencial, se abra al mundo y que el mundo se abra a Cuba». Ante el anciano comandante Castro, que permanecía de pie junto a él vistiendo un traje con doble fila de botones en lugar de su uniforme militar, el Papa dijo que los cubanos merecían «libertad, confianza mutua, justicia social y paz duradera».

Por primera vez en 40 años Castro se mantuvo en segundo plano. Durante cinco días de enero, permaneció en la sombra mientras los cubanos gritaban alabanzas a otra persona y cantaban «libertad, libertad, libertad». A pesar de las protestas sin precedentes, el Papa le dio a Castro una satisfacción. En varias ocasiones, el pontífice clamó contra el embargo económico a la isla por parte de Estados Unidos.

A su regreso a Roma, el Papa dijo que esperaba que su visita a Cuba pudiera producir un «fruto» similar al que su primer viaje a Polonia había aportado a su tierra natal. Cuando el Papa fue elegido en 1978, el líder soviético Breznev dijo a los líderes comunistas polacos que sería una insensatez permitir que el Papa visitase Polonia. Ellos contestaban que tenían pocas posibilidades de elección. Después de todo, era un ciudadano polaco. Se dice que Breznev les dijo que podían prohibírselo porque ya no era un ciudadano polaco. Cuando Castro despidió al Papa en el aeropuerto de La Habana en la cálida tarde tropical del 25 de enero de 1998, sabía que había asumido un riesgo, igual que los líderes polacos habían asumido un riesgo cerca de dos décadas antes cuando permitieron que el Papa hiciese su primer viaje a Polonia. Y Breznev (cuyo predecesor Josef Stalin preguntó una vez con ironía «¿cuántas divisiones tiene el Papa?») tenía razón. El Papa ya no era un ciudadano polaco, sino un ciudadano del mundo.

# Con sus propias palabras

«Nunca fue un cristiano y nunca pretendió ser un cristiano, pero aprendí mucho de el. Los cristianos deberían aprender de él cómo ser cristianos. Yo aprendí mucho de él y no me avergüenzo de decirlo» (hablando de Mahatma Gandhi después de rezar en su tumba, durante una visita a la India en 1986).

«Hay que conocer esa prisión para apreciar esta libertad» (a los reporteros que le siguieron a las montañas del norte de Italia en 1987, el primer verano en el que se tomó unas vacaciones fuera de la residencia de verano papal al sur de Roma).

«Nunca ha sido fácil aceptar las enseñanzas del Evangelio en su integridad y nunca lo será» (dirigiéndose a los católicos americanos durante un viaje a Estados Unidos en 1987).

«¿Pero otras personas suben a la cumbre, no es así?», a sus ayudantes que le habían aconsejado que no tratase de subir a lo alto de una montaña en el norte de Italia en 1987.

«¿Por qué tener miedo a mostrarse uno mismo como un hombre entre hombres?» (a los reporteros durante unas vacaciones en 1988, después de que lo fotografiasen vestido de montañero).

«La noche ha quedado atrás; el día ha vuelto a amanecer» (hablando a los checos y eslovacos en 1990, durante su primer viaje a un país del antiguo bloque oriental comunista, aparte de su Polonia natal, después de la caída del muro de Berlín).

«Dios dijo en una ocasión: "no matarás". Ningún grupo humano, la mafia o quienquiera que sea, puede pasar por encima de la mayor ley sagrada de Dios. En el nombre de Cristo crucificado y ascendido a los Cielos... convertíos. El Juicio de Dios llegará un día» (denunciando a la mafia durante un viaje a Sicilia en 1993).

Caos irreverente a 11.000 metros. Un grupo de reporteros se
arremolina en torno al Papa en un avión durante uno de sus
viajes internacionales a principios de los ochenta. Philip
Pullella, editor de este libro y autor de este capítulo es el
hombre con bigote que está detrás del Papa.
Luciano Mellace/Reuters

## El Papa se reúne con Castro. Aeropuerto de La Habana, 21 de enero de 1998

Por Frances Kerry

Las iglesias relucían recién pintadas, los coros ensayaban jubilosos, y algunas personas tenían visiones de un choque catalizador entre el Papa y Fidel Castro. Era como si el Sumo Pontífice pudiera volar a La Habana, besar el suelo cubano, enfrentarse al hombre que había gobernado la isla durante cerca de cuatro décadas y arrojar una chispa que iniciara el cambio político, como había hecho casi 20 años antes en su tierra natal. Pero la isla del Caribe, de 11 millones de habitantes, una de las últimas naciones comunistas del mundo, resultó no ser un yesquero, al menos no en ese momento y no para ese visitante.

El presidente Castro, que tenía entonces 71 años, se inclinó solícitamente ante el visitante de 77 años cuando los dos se encontraron en el aeropuerto de La Habana, en enero de 1998. Cuando aparecieron juntos en público durante el viaje, Castro ralentizó su paso, y a veces extendía una mano protectora hacia la figura frágil, vestida de blanco: era un anfitrión respetuoso, que había dicho a los cubanos, tanto creyentes como no creyentes, que dieran la bienvenida al Papa como una figura líder de esta época y no como una amenaza para la revolución.

El Papa sazonó sus homilías con críticas al sistema en las que empleó palabras medidas en misas celebradas en plazas acostumbradas a las manifestaciones revolucionarias y ahora llenas de creyentes, miembros del partido comunista y curiosos. Las monjas y los vecinos salían diariamente para saludarle cuando se despertaba en la residencia del nuncio del Vaticano en La Habana, cantando desde una acera donde se habían plantado flores para darle la bienvenida, y donde las luces de la calle permanecían encendidas por la noche, por primera vez en años.

Durante esos cinco alegres días de enero, se podía oír a los medios de comunicación y escuchar la visión del mundo del partido comunista, todo ello mezclado, de forma increíble, con música religiosa y rezos, puesto que las misas papales se retransmitían por radio, en directo. Pero en un país que nunca había sido tan fervientemente católico como muchos de sus vecinos de América Latina, y donde había una generación que había crecido al margen de la Iglesia, la presencia papal fue para muchos cubanos más un espectáculo exótico que un reencuentro espiritual. Sólo en 1992 Cuba se había convertido de un Estado oficialmente ateo en un Estado secular.

La visita abrió una ventana extraordinaria a palabras de disensión política, en público y en la televisión estatal, y no sólo por parte del Papa. El arzobispo de Santiago, Pedro Meurice, criticó al partido único monolítico durante la misa papal en esa ciudad. Hubo gritos pidiendo libertad por parte de la multitud en la última misa del Papa en la amplia Plaza de la Revolución de La Habana, la plaza de la Iglesia por un día, con un cuadro de Jesucristo asomando sobre el altar y con el Castro educado en los jesuitas escuchando dócilmente entre los congregados.

La Iglesia, tanto tiempo en la sombra, había florecido gracias a las concesiones que habían hecho con cuentagotas las autoridades antes de la visita: el día de Navidad fue fiesta por primera vez durante décadas, y se le permitió hablar del Papa en la televisión estatal al cardenal Jaime Ortega, arzobispo de La Habana. El Sumo Pontífice deseaba que el florecimiento de la Iglesia continuara y creciera. Días después de salir de La Habana, dijo que esperaba que su viaje pudiera inspirar a los oponentes al comunismo de la forma que su primer viaje papal a su tierra natal de Polonia en 1979 lo había hecho.

Pero aunque el líder cubano, que ocupa el poder desde 1959, tuvo que soportar las críticas en público, la visita se había desarrollado de manera ordenada. Castro se sintió también recompensado por la condena del Papa al largo embargo económico contra la isla por parte de Estados Unidos, un golpe a la política de aislamiento de Washington. Cuando terminó la visita del Papa, Castro se mofó de los que habían esperado, o deseado, un puñetazo «apocalíptico» al sistema político en Cuba. No fue apocalíptico, pero en cierta manera, la isla ya nunca volvería a ser la misma.

El tiempo pasa. El presidente cubano Fidel Castro y el Papa consultan sus relojes a la llegada del Papa a La Habana en una visita histórica, el 21 de enero de 1998. Zoraida Diaz/Reuters

El papa Juan Pablo II bendice a los peregrinos al abandonar el
altar en la plaza de San Pedro, al final de la ceremonia de
canonización del sacerdote español José María Escrivá de
Balaguer, 6 de octubre de 2002.

El helicóptero del Papa levanta las vestiduras de los obispos
polacos en el aterrizaje. Elblag, Polonia, 6 de junio de 1999.
Jerry Lampen/Reuters

El orador. Pronunciando un discurso dirigido a los jóvenes en el estadio nacional de Santiago de Chile, el 3 de abril de 1987. Oscar Sabetta/Reuters

Con el general chileno Augusto Pinochet durante una difícil visita a Chile, el 1 de abril de 1987. Nancy McGirr/Reuters

Un joven refugiado hutu se esconde detrás del vestido de su madre, que lleva una foto del Papa, durante una visita de éste. Gikongoro, Ruanda, 6 de julio de 1994. Jack Dabaghian/Reuters

Con la princesa Diana y el príncipe Carlos de Inglaterra
en el Vaticano, el 25 de abril de 1985.
Vatican photo

El presidente de Estados Unidos, Bill Clinton, aplaude al
Papa. San Luis, 26 de enero de 1999. Gary Hershorn/Reuters

El presidente de México Vicente Fox reza junto a miembros de su familia delante de una pantalla gigante con la imagen del Papa en la basílica de la Virgen de Guadalupe, Ciudad de México, 31 de julio de 2002.

El Arzobispo de Oviedo, España, saluda al Papa tras recibir el palio, faja blanca con cruces negras como símbolo de unión con el Papa, durante una misa solemne en la festividad de San Pedro y San Pablo en la plaza de San Pedro, 29 de junio de 2002.

Paolo Cocco/Reuters

Viento africano. Un golpe de viento vuela la capa del Papa
sobre su cabeza mientras una mujer le entrega flores,
en Costa de Marfil, 1990. Luciano Mellace/Reuters

## Titanes del siglo

**Por Paul Holmes**

Hay pocas ocasiones en la carrera de un periodista en las que uno siente que está en presencia de la grandeza. Tuve una de tales experiencias en África del Sur, en septiembre de 1995, cuando se reunieron dos de las más sobresalientes figuras del siglo XX, ambos ya septuagenarios.

El papa Juan Pablo II, el hombre de iglesia que ayudó a acelerar la caída del comunismo en Europa del Este, y el presidente Nelson Mandela, el símbolo de la lucha contra el *Apartheid*, se reunieron en Pretoria, en el edificio que había servido durante décadas como residencia de los presidentes de la minoría blanca.

El Papa hacía su primer viaje oficial a África del Sur, un país que había evitado anteriormente por su política racista. Después de las elecciones, en las que participaron todas las razas y que terminaron con tres siglos de gobierno blanco y elevaron a Mandela al cargo más alto de su país, había llegado el momento de honrar a un hombre cuyos largos años en prisión habían hecho de él, en las propias palabras del Papa, «un testigo silencioso y sufriente de la aspiración de su pueblo a la auténtica liberación».

Yo había sido designado como *pool reporter* del Vaticano para el encuentro. En los actos en los que el acceso es limitado, estos reporteros comparten su material con los otros en la agrupación de la prensa. Las reuniones papales con los presidentes son, a menudo, llamadas de cortesía, de manera que ser designado *pool reporter* puede ser equivalente a sacar

la pajita más corta. Los equipos de fotógrafos y cámaras se reúnen durante un momento en la sala de reuniones para una rápida fotografía de «apretón de manos y sonrisa», y luego se les echa rápido. Los reporteros dan vueltas por fuera, y tienen suerte si consiguen unas declaraciones del portavoz oficial del Vaticano, o del portavoz del presidente.

Esta vez fue diferente. Primero hubo un apretón de manos y una breve conversación con Mandela, cuando éste entró en la residencia estatal para esperar al Papa. Después de las conversaciones privadas, los reporteros fuimos invitados a la recepción oficial mezclados con los 180 invitados: políticos, diplomáticos, clérigos y, algo quizás incongruente, la actriz británica Liz Hurley, que había estado filmando en África del Sur.

Este gesto era típico de la informalidad que Mandela aportó a su cargo. Estuve a un metro más o menos del Papa, mientras Mandela le presentaba a los dignatarios a la entrada de la recepción. Era imposible no oír lo que se decía y, para mí, difícil resistir una cierta excitación en relación con el de los acontecimientos en África del Sur cuando Mandela presentó al Papa a otro veterano de la lucha contra el *Apartheid*, Mac Maharaj.

Mandela dijo al Papa: «Éste es el ministro de Transporte. Estuvimos juntos en prisión. Cumplió una condena de 18 años».

Perfiles de coraje. El Papa y Nelson Mandela,
que sobrevivieron a regímenes opresores, África del Sur,
16 septiembre de 1995. Luciano Mellace/Reuters

Miembros de la cofradía de Nuestra Señora del Mayor Dolor de Granada, España, se toman un descanso en su procesión frente a la basílica de San Pedro del Vaticano, 18 de junio de 2000. Paul Hanna/Reuters

El futbolista mexicano Alberto García Aspe y su hija reciben la Comunión de manos del Papa en la basílica de la Virgen de Guadalupe, Ciudad de México, 31 de julio de 2000.
Andrew Winning/Reuters

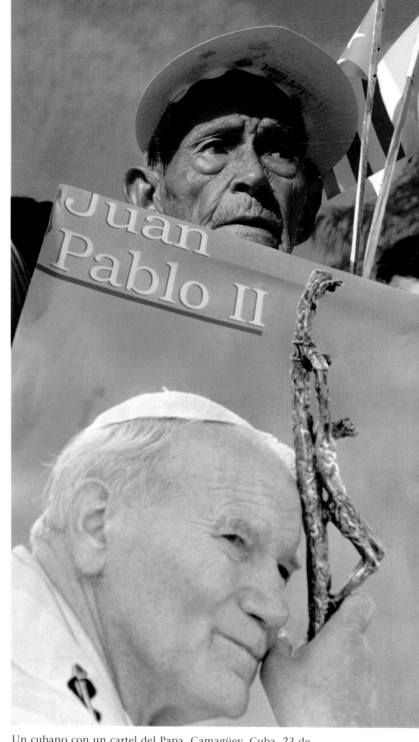

Con los indios brasileños. Cuiaba, Brasil, 16 de octubre de 1991. Luciano Mellace/Reuters

Un cubano con un cartel del Papa. Camagüey, Cuba, 23 de enero de 1998. Gary Hershorn/Reuters

Amante de los animales. El Papa acaricia a Melinda, una joven hembra de canguro en Adelaida, Australia, el 30 de noviembre de 1986. Will Burgess/Reuters

Un «papamóvil» sin multitudes. Viajando por la rural
Newfoundland, Canadá, 12 de septiembre de 1984.
Reuters/Andy Clark/courtesy of CP

Un miembro entusiasta de la multitud tira de la esclavina del Papa en Canadá, el 10 septiembre de 1984. Reuters/Andy Clark/courtesy of CP

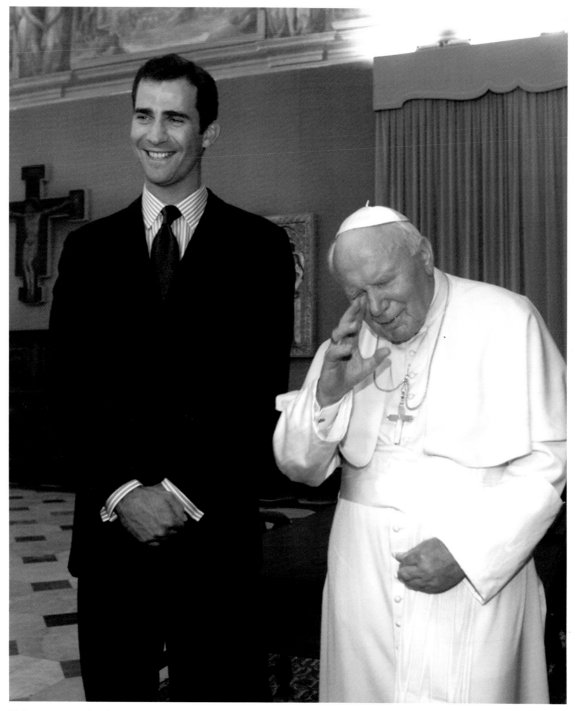

El Papa junto al príncipe Don Felipe de Borbón al finalizar
su audiencia privada en el Vaticano, 26 de junio de 2000.
Vincenzo Pinto/Reuters

Con el casco de seguridad. El Papa desciende en un ascensor durante una visita a las minas de Sulcis, Cerdeña, Italia, 1985.
Luciano Mellace/Reuters

A la sombra de la torre Eiffel, 21 de agosto de 1997.
Eric Galliard/Reuters

Un tren papal. Una inusitada tormenta de nieve en Roma
obligó al avión papal a aterrizar en Nápoles en medio de la
noche, a su regreso de la India. Cuando despertaron al
cardenal local y le dijeron que tenía que buscar un tren para
llevar al Papa a Roma, pensó que se trataba de un chiste malo.
11 de febrero de 1986. Luciano Mellace/Reuters

En una góndola en el Gran Canal de Venecia, el 16 de junio
de 1985. Luciano Mellace/Reuters

Unos niños búlgaros se asoman por la ventana de la guardería
durante una visita papal. Rakovski, Bulgaria,
22 de mayo de 2002. Dimitar Dilkoff/Reuters

Mujeres armenias durante una misa del Papa en Etchmiazin,
Armenia, el 27 de septiembre de 2001. Paolo Cocco/Reuters

Policías kazacos ante un cartel del papa Juan Pablo II
en Astana, el 22 de septiembre de 2001.
Alexander Demianchuk/Reuters

El rey Don Juan Carlos de Borbón es saludado cariñosamente
por el papa Juan Pablo II durante una visita al Vaticano,
28 de noviembre de 2002.

Antonio María Rouco Varela, Arzobispo de Madrid, recibe del Papa el birrete rojo, especie de gorro de cuatro picos, durante una ceremonia en la plaza de San Pedro, 21 de febrero de 1998. Paolo Cocco/Reuters

Cinturón de seguridad puesto. El Papa en un helicóptero
rumbo a Belén, el 22 de marzo de 2000.
Israeli Government Press Office

Con el líder palestino Yasser Arafat en el campo de refugiados de Dehaishe, el 22 de marzo de 2000. Havakuk Levison/Reuters

El cordero y los leones. Las fuerzas de seguridad israelíes protegen al Papa en Jerusalén, el 23 de marzo de 2000. Mal Langsdon/Reuters

Una rama de olivo en Tierra Santa. Una joven novicia
palestina arroja ramas de olivo delante del Papa. Korazim,
Israel, 24 de marzo de 2000. Mal Langsdon/Reuters

A su llegada a Kazajstán, el 22 de septiembre de 2001.
Paolo Cocco/Reuters

# Hijos del mismo Dios: el papa Juan Pablo II y el pueblo judío

**Alan Elsner**

Lentamente, el papa Juan Pablo II caminó titubeante hacia el Muro de las Lamentaciones, lo único que queda del segundo templo judío de Jerusalén, destruido por los romanos en el año 70 d.C. Los cardenales que le acompañaban se detuvieron a unos metros del Muro, dejando que el Papa continuase sólo, con paso vacilante. Éste inclinó su cabeza para rezar en silencio, tocó las viejas piedras, colocó una nota en una grieta y bendijo la nota. En ésta se decía: «Dios de nuestros padres. Escogiste a Abraham y a sus descendientes para llevar tu nombre a las naciones. Estamos profundamente avergonzados por el comportamiento de quienes, en el curso de la historia, han causado sufrimiento a estos hijos suyos, y al pedir perdón deseamos comprometernos a una genuina hermandad con el pueblo de la alianza».

La visita del Papa el 26 de marzo de 2000 al lugar más sagrado del judaísmo y su petición de perdón fue inmediata y casi universalmente aclamada como uno de los momentos más decisivos e importantes de su largo pontificado. Muchos israelíes y judíos de todo el mundo se sintieron intensamente conmovidos. Pero el acto dramático y simbólico del pontífice quizás aportase un mensaje más importante todavía a los católicos.

Durante casi 2000 años, la Iglesia ha insistido en que el templo fue destruido como un signo de que Dios había retirado su favor al pueblo judío, en castigo por su negativa a aceptar a Jesús como el Mesías.

La Iglesia enseñó a sus fieles durante siglos a sentir desprecio y odio por los judíos y el judaísmo, y fue cómplice de la persecución de éstos. Papas y santos predicaron que los judíos eran un pueblo maldito, disperso alrededor del mundo, condenado a la miseria como evidencia de la verdad de la fe cristiana. Algunos historiadores dicen que esta enseñanza ayudó finalmente a sentar las bases para la *Shoah* u Holocausto, el asesinato de seis millones de judíos por los nazis durante la Segunda Guerra Mundial.

Imbuidos de estas ideas, los católicos continuaron refiriéndose a los «pérfidos judíos» en su liturgia de Semana Santa hasta los años sesenta.

Al detenerse reverencialmente ante el Muro de las Lamentaciones, el Papa estaba repudiando simbólicamente tales enseñanzas. Estaba manifestando que, a sus ojos, el espíritu de Dios no se había apartado del lugar del templo, y que, por tanto, la alianza de Dios con el pueblo judío nunca se había revocado. El rabí Michael Melchior, el ministro del Gobierno que saludó al Papa en el Muro, dijo después de la visita: «Tiene significado teológico; es el reconocimiento del final del periodo de humillación de la nación judía. El reconocimiento de nuestro derecho a retornar a nuestra tierra y a este lugar».

El padre John Pawlikowski, director de los Estudios Católico-Judíos de la Unión Teológica Católica de la Universidad de Chicago, reflejando los puntos de vista de muchos católicos, calificó el momento como uno de los más importantes del pontificado de Juan Pablo II, y como la culminación de más de dos décadas de constantes esfuerzos para afrontar la «parte oscura de la historia católica» y tratar de enmendar la actitud.

Incluso los críticos del Papa, como el autor y antiguo sacerdote James Carroll, que ha argumentado que Juan Pablo II ha sido un desastre para la Iglesia católica, se sintieron impresionados y conmovidos. «El Papa actual ha hecho más para sellar la brecha entre los cristianos y los judíos, y en particular entre los católicos y los judíos, que ningún Papa anterior. La culminación de la obra de Juan Pablo II ha sido su histórico acto de arrepentimiento en el 2000, junto con su visita a Jerusalén y su peregrinación al Muro de las Lamentaciones. Este acto dio la vuelta simbólicamente a 2000 años de denigración cristiana del Templo y de los derechos de los judíos para asentarse en Jerusalén e Israel. Con ese simple acto no verbal, el Papa se alejó de uno de los aspectos más poderosos y envenenados de la teología cristiana. Es una de las cosas más importantes que ha realizado en su pontificado», dijo Carroll.

Sin embargo, para Carroll y otros críticos del Papa, tanto judíos como católicos, las acciones dramáticas y las declaraciones del Papa sobre los judíos y el judaísmo seguían siendo logros parciales. Sentían que debería haber ido más allá. «El horror real del antisemitismo cristiano, tan público y tan constante, aún no se ha afrontado», dijo Carroll.

El largo viaje del papa Juan Pablo II al Muro comenzó en su ciudad natal de Wadowice, en Polonia. Mucho se ha escrito sobre cómo creció Wojtyla junto a judíos, que en ese momento constituían al menos el 20 por ciento de la población. Wojtyla tenía amigos judíos, entre ellos Jerzy Kluger, que se trasladó a Roma después de la guerra y que reavivó su amistad con Wojtyla después de que éste se convirtiese en Papa.

El joven Wojtyla jugó incluso ocasionalmente de portero en un equipo de fútbol judío. En 1937, él y su padre asistieron a una representación del famoso cantor judío Moishe Kussawieki, en la sinagoga de Wadowice.

En los años que precedieron a la Segunda Guerra Mundial, el antisemitismo adquirió mucho auge en Polonia, promovido tanto por los nacionalistas de la derecha como por el tradicional antijudaísmo de la Iglesia. El 29 de febrero de 1936, el primado de Polonia, cardenal Augusto Hlond, publicó una carta en la que urgía a los polacos a boicotear los negocios de los judíos, y atacaba a los judíos como librepensadores, bolcheviques, ateos, usureros y mercaderes de pornografía y prostitución. «Allí donde exista un judío, existe un problema judío y continuará existiendo», declaró el cardenal.

Pero Wojtyla, inspirado por el recio ejemplo moral de su padre, no cayó nunca en el antisemitismo. Un amigo de la infancia, Ginka Beer, decía más tarde: «Sólo hubo una familia que nunca demostró una hostilidad racial hacia nosotros, y esa fue la de Lolek y su padre».

Kluger contaba cómo corrió una vez, nervioso, a una iglesia para decir a su amigo Karol que iban a ser compañeros de clase en los años siguientes. Encontró a su amigo ayudando en un servicio religioso y se sentó a esperar hasta que terminara. Una mujer, sabiendo que Kluger era judío, preguntó qué estaba haciendo allí. Después del servicio religioso, Wojtyla preguntó a Kluger: «Por cierto, ¿qué te estaba diciendo esa vieja?» Kluger dijo: «Me preguntó si era el hijo del presidente de la comunidad judía. Quizás se sorprendió de ver a un judío en la iglesia».

A lo que el futuro Papa contestó: «¿Por qué? ¿No somos todos hijos de Dios?».

Cuando eligieron a Wojtyla, la reacción inicial del mundo judío distó mucho de ser positiva. Había un enorme escepticismo. «El sentimiento era que el polaco iba a resultar ser un antisemita. Pero la realidad fue la opuesta precisamente como consecuencia de su bagaje, de su experiencia del Holocausto, que vio con sus propios ojos. Era el hombre adecuado para el momento justo», dijo James Rudin, que durante muchos años estuvo al frente del Diálogo de los Judíos y los Católicos para el Comité Judío Americano. Rudin se reunió con el papa Juan Pablo II diez veces a lo largo de los años de pontificado de éste y le acompañó en su peregrinación a Israel en el 2000. Pero recordaba particularmente una reunión que tuvo lugar en el Vaticano en marzo de 1990.

«Yo encabezaba una delegación judía americana. Después de los discursos formales, nos pusimos a charlar, y uno de nosotros mencionó que íbamos a ir a Polonia al día siguiente. El Papa inmediatamente se mostró muy animado, casi lírico. Dijo: "Wadowice, viernes por la tarde, velas, salmos, personas que van a la sinagoga". Era totalmente genuino. En ese momento, su mente había regresado a Wadowice, recordando con afecto a los judíos que iban a la sinagoga para dar la bienvenida al Sabbath. Era testigo viviente de una escena que ya no puede volver a producirse, porque esa comunidad fue destruida en el Holocausto, y la mayor parte de aquellas personas fueron asesinadas», dijo Rudin.

El papa Juan Pablo II expresó esos mismos sentimientos en su libro de 1994, *Cruzando el umbral de la esperanza*. Escribió: «Me gustaría volver a la sinagoga de Wadowice. Fue destruida por los alemanes y ya no existe. Hace unos años, Jerzy (Kluger) vino para decirme que el sitio donde había estado la sinagoga sería honrado con una placa conmemorativa especial. Debo admitir que en ese momento ambos sentimos una profunda emoción. Vimos las caras de las personas a las que conocíamos y a las que ha habíamos tenido cariño, y recordamos esos sábados de nuestra infancia y adolescencia en los que la comunidad judía de Wadowice se reunían para rezar».

Aunque sus experiencias de infancia sobre los judíos le seguían acompañando, fue su directa experiencia del Holocausto lo que dejó en él un recuerdo punzante que iba a convertirse en parte central de su identidad espiritual. No hay indicios de que Wojtyla, que pasó la guerra en Cracovia, desempeñase papel alguno en los esfuerzos organizados para ayudar o proteger a los judíos de los nazis, aunque puede que ayudara a judíos concretos. Durante su visita a Israel, Edith Schiere, una superviviente de Auschwitz, contó que se encontró con Wojtyla cuando ella iba tambaleándose por la carretera, después de escapar del campo. Dijo que él la llevó a la estación del tren a sus espaldas y le trajo algo de comer. El Papa no recordaba el incidente. Pero vio lo que estaba ocurriendo a sus amigos y vecinos. El 13 de marzo de 1943, los alemanes dispararon contra decenas de judíos en la plaza de Zgoda de Cracovia, entre ellos el rabino Seltenreich, el rabino de los Kluger, de Wadowice.

El papa Juan Pablo II escribió en su libro: «Después vino la Segunda Guerra Mundial con sus campos de concentración y la exterminación sistemática. En primer lugar, los hijos e hijas de la nación judía fueron condenados por la simple razón de que eran judíos. Aunque fuera indirectamente, cualquiera que viviese en Polonia en esa época tuvo que tener contacto con esta realidad. Por tanto, ésta fue también una experiencia personal mía, una experiencia que llevo conmigo incluso hoy. Auschwitz, quizás el símbolo más significativo del Holocausto del pueblo judío, muestra hasta dónde puede llegar a un sistema construido sobre los principios del odio racial y el ansia de poder».

En su primera visita a Polonia después de convertirse en Papa, en junio de 1979, Juan Pablo II visitó Auschwitz, donde declaró: «El Holocausto ha continuado siendo una sombra. Esta terrible tragedia ha supuesto un reto tanto para los judíos como para los cristianos. Nos ha hecho reflexionar no sólo en aquellos cortos pero terriblemente demoníacos años de gobierno nazi en Alemania, sino en casi 2000 años de relaciones judeo-cristianas».

Para muchos, parece increíble pensar que cuando el Papa hizo una histórica visita a la gran sinagoga de Roma, el 13 de abril de 1986 —un paseo de cinco minutos en coche a lo largo del río Tíber desde el Vaticano— era la primera vez que un Papa ponía el pie en una sinagoga. Esto es menos sorprendente después de examinar las enseñanzas tradicionales católicas. Por ejemplo, San Juan Crisóstomo, un patriarca de Constantinopla del siglo IV, se refería a las sinagogas como «un burdel..., una guarida de ladrones y una cueva de bestias salvajes», y animaba abiertamente a dar

Con los rabinos italianos en Roma durante la primera visita realizada por un Papa a una sinagoga, el 13 de abril de 1986. Luciano Mellace/Reuters

muerte a los judíos. «Aunque tales bestias son inadecuadas para trabajar, son adecuadas para la matanza», decía.

San Agustín (354-430) contribuyó a formular las enseñanzas que guiaron a la Iglesia en su actitud hacia los judíos hasta los años sesenta del siglo XX. «No hay que matar a los judíos —escribió—. Han matado a Cristo, pero Cristo, hablando a través de David, insta a la Iglesia a proteger a los judíos, que, aún así, son enemigos y llevan la marca de Caín.»

A lo largo de siglos de humillaciones marcadas por masacres y expulsiones, algunos papas trataron de proteger a los judíos, aunque ninguno combatió la idea de que se trataba de un pueblo maldito y culpable. Inocencio IV (que fue Papa entre 1243 y 1254) condenó la «difamación de la sangre» que circulaba ampliamente en toda la cristiandad y que mantenía que los judíos mataban a los niños cristianos y utilizaban su sangre para cocer el *Matzas* de Pascua, o pan sin levadura. Benedicto XII (1334-1342) trató, sin gran éxito, de proteger a los judíos de Alemania de una ola de masacres, consecuencia de la acusación de haber profanado la hostia. Clemente VI (1342-1352) publicó un edicto en 1348 contra el mito de que los judíos eran responsables de la peste negra.

Pero otros adoptaron una visión más rigurosa. Inocencio III (1198-1216) exigió a los judíos que llevasen una ropas distintivas, como el «sombrero judío» o «la insignia judía», una técnica copiada más tarde por los nazis. Gregorio IX (1227-1241) incitó la quema de los textos sagrados de los judíos, que ha continuado llevándose a cabo durante siglos.

Mucho después de que otras partes de Europa hubiesen derribado las murallas de sus guetos judíos, sucesivos papas mantuvieron a los judíos de la ciudades bajo su control en barrios superpoblados, donde eran acosados por las enfermedades. El mismo Pío IX (1846-1878), que fue beatificado por Juan Pablo II en el año 2000, mandó sobre el último gueto en Roma hasta 1870. Este mismo Papa fue acusado de complicidad en el secuestro y bautismo forzado de un niño judío, Edgardo Mortara.

El cardenal Edward Cassidy, que presidía la Comisión Vaticana para las Relaciones Religiosas con los Judíos en los años noventa, resumió el historial de la Iglesia: «No se puede negar el hecho de que desde la época del emperador Constantino en adelante, los judíos fueron aislados y discriminados en el mundo cristiano. Hubo expulsiones y conversiones, y la literatura propagó estereotipos que acusaban de deicidio a los judíos de todas las edades; el gueto, que nació en 1555, como consecuencia de una bula papal, se convirtió en precedente del exterminio en la Alemania nazi».

Supervivientes de Auschwitz con el Papa, en el campo
de exterminio nazi, 1979. Jan Morek/FORUM

Los polacos, reunidos para ver al Papa durante su visita a
Auschwitz, miran a través de las vallas de alambre de espino,
utilizadas en su momento para impedir que escapasen los
prisioneros del campo de la muerte.
Aleksander Jalosinski/FORUM

Algunos historiadores irían más allá, implicando directamente a la Iglesia en la moderna doctrina racial del antisemitismo. «Cuando los modernos movimientos antisemitas tomaron forma a finales del siglo XIX, la Iglesia tuvo un gran papel en ellos, advirtiendo constantemente a la gente del ascenso del poder judío», escribía David I. Kertzer, en un estudio sobre las acciones y actitudes de los Papas del siglo XIX y de principios del siglo XX.

El papa Juan XXIII (1958-1963) inspiró el primer intento del Vaticano de poner fin a su amargo legado. En 1960 mantuvo una importante reunión con el historiador judío francés Jules Isaac, que había publicado un estudio demoledor sobre las actitudes de los cristianos hacia el judaísmo, los cuales caracterizó como una «enseñanza del desprecio». Dos años después, el Papa Juan XXIII convocó el Concilio Vaticano II, que acabaría produciendo declaración que supone un hito: *Nostra Aetate* (En nuestro tiempo). Finalmente, la Iglesia se hallaba dispuesta para declarar que el pueblo judío no se podía considerar colectivamente culpable de la muerte de Jesús. «Los judíos no se deberían de presentar como repudiados o acusados por Dios —decía el documento—. Los judíos permanecen muy cercanos a Dios... Puesto que Dios no pide que se le devuelvan los dones que concedió o aquello que eligió.»

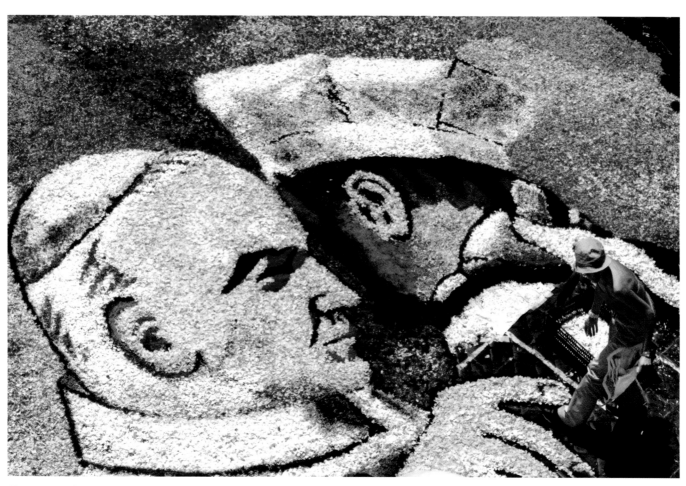

Hermandad florida. Un hombre en Genzano, Italia, da los toques finales a un panel floral que representa el histórico abrazo de 1986 entre el Papa y el rabino en la sinagoga de Roma, el 18 de junio de 2000. Alessia Pierdomenico/Reuters

Wojtyla, que era entonces un obispo poco conocido fuera de Polonia, tomó parte en las acaloradas discusiones internas que condujeron a esa declaración, enfrentándose a los conservadores del Vaticano, que no veían entonces la necesidad del cambio. Pero en 1968, cuando las autoridades comunistas de Polonia lanzaron una nueva y virulenta campaña antisemita que obligó a 34.000 judíos a hacer rápidamente sus maletas y huir del país, los líderes católicos, el cardenal Wojtyla entre ellos, guardaron silencio.

Fue sólo después de su elección como Papa cuando Wojtyla comenzó a hablar públicamente. En una serie de vigorosas afirmaciones, el Papa dejó claro que estaba dispuesto a dar un rumbo totalmente nuevo a las relaciones entre los católicos y los judíos. En cualquier parte del mundo a la que iba se reunía con los líderes judíos locales. Como una parte clave de su contribución, comenzó a preparar el terreno para que el Vaticano pusiese fin a su larga negativa a reconocer el Estado de Israel como patria de los judíos. En una homilía en Otranto, en 1980, el Sumo Pontífice recordó que los judíos, que habían sufrido «trágicas experiencias en relación con el exterminio de tantos hijos e hijas, estaban movidos por un deseo de seguridad a la hora de crear el Estado de Israel». Al mismo tiempo, dijo, los palestinos tienen derecho a una patria.

Al final de una visita a Brasil en 1991, el Papa pronunció una oración especial, haciéndose eco de las palabras de Ezequiel 34:13: «Que nuestros hermanos y hermanas judíos que han sido conducidos entre los pueblos y, desde tierras extranjeras, reunidos y traídos de nuevo a su propio país, a la tierra de sus antecesores, puedan vivir en paz y seguridad en las montañas de Israel, bajo la protección de Dios, su auténtico pastor».

Durante una visita a Australia, declaró: «La fe católica está enraizada en las verdades eternas de las escrituras hebreas y en el irrevocable pacto hecho con Abraham. Nosotros también mantenemos, afortunadamente, esas mismas verdades de nuestra herencia judía, y os contemplamos como hermanos y hermanas en el Señor».

En un documental de la televisión de Estados Unidos, Feliks Tych, director del Museo Judío de Varsovia, comentó: «Al dejar Polonia, Wojtyla se dispuso a actuar, a comenzar el programa de reeducación de la Iglesia relativo a los judíos para entablar lazos diplomáticos con Israel, para escribir el documento sobre el Holocausto».

Las acciones del papa Juan Pablo II son un testimonio de que las acciones hablan más alto que las palabras. «Los judíos y católicos del mundo han observado que Juan Pablo II se reúne con líderes de las comunidades judías —decía el rabino Michael Signer, teólogo de la Universidad de Notre Dame—. Lo ven arrodillado rezando en Auschwitz. Cuando visitó la sinagoga de la ciudad de Roma, la gente se dio cuenta de que no se sentó a un nivel más elevado que el rabino. Se sentó al mismo nivel que el rabino.»

En esa histórica ocasión, en 1986, el Papa hizo una de sus afirmaciones más rotundas sobre el judaísmo: «La religión judía no es extrínseca a nosotros, sino que, en cierto modo, es intrínseca a nuestra propia religión. Por tanto, con el judaísmo tenemos una relación que no tenemos con ninguna otra religión: ustedes son nuestros hermanos queridos y, en cierto modo, se pudiera decir que son nuestros hermanos mayores», declaró.

En 1994, el Papa fue anfitrión de un conmovedor concierto en el Vaticano para honrar a las víctimas del Holocausto. Los supervivientes se unieron al Sumo Pontífice para escuchar una versión musical del *Kaddish*, la oración judía por los muertos, que se celebró en el centro espiritual de la cristiandad. El rabino Rudin estuvo allí, y recordaba al Papa tambaleándose por emoción. «Pienso que el Papa tenía ante sus ojos los rostros de sus compañeros de clase muertos», dijo.

El gran cambio en las actitudes de los católicos hacia el judaísmo comenzó a impregnar todas las capas de la Iglesia como resultado del liderazgo del papa Juan Pablo II. Clérigos y laicos empezaron a examinar sus conciencias y a efectuar cambios, especialmente en Europa y en Estados Unidos. «Los libros de texto utilizados en las escuelas católicas se han revisado y mejorado radicalmente. Ya no se podrán encontrar estereotipos negativos sobre los judíos y el judaísmo en nuestros materiales de enseñanza. No tratamos ya de convertir a los judíos de una manera activa. Expresamos respeto por los judíos y por su religión», decía Eugene Fisher, director de las relaciones entre los judíos y los católicos en la conferencia episcopal de Estados Unidos.

En octubre de 2000, unos 150 teólogos y rabinos judíos publicaron un documento titulado *Dabru Emet (Diciendo la verdad)*, respondiendo a los grandes progresos que se habían hecho. El documento reconocía un cambio fundamental en la cristiandad en las últimas décadas, y ofrecía ocho bases para el diálogo futuro. Entre ellas se incluían el hecho de que los judíos y los cristianos adoraban al mismo Dios, que sus dos religiones estaban basadas en principios morales comunes, y que podían y debían trabajar juntos por la paz y la justicia. Reconocía que siempre habría una línea divisoria entre las dos religiones sobre la cuestión de si Jesús

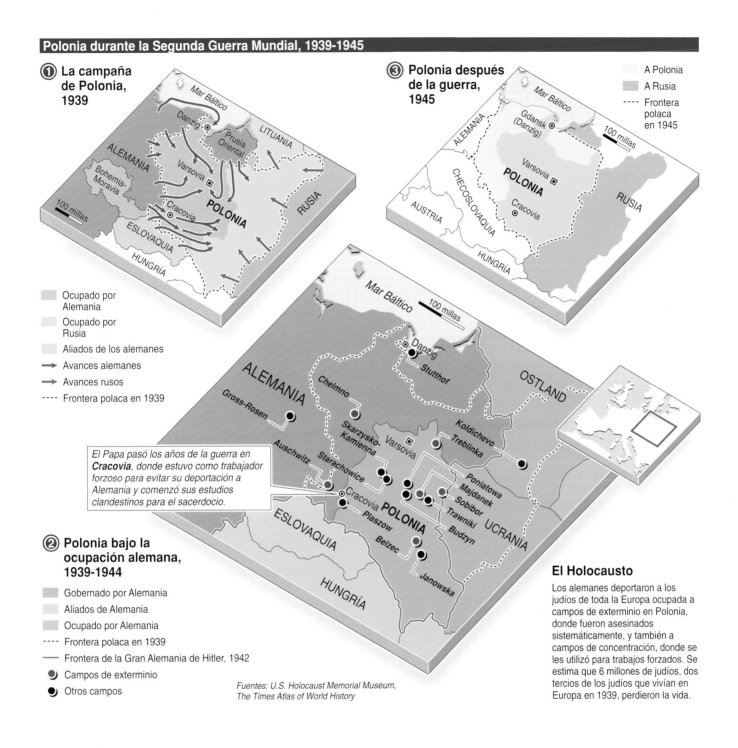

**① La campaña de Polonia, 1939**

Mar Báltico
Danzig
Prusia Oriental
LITUANIA
ALEMANIA
Varsovia
Bohemia-Moravia
Cracovia
POLONIA
RUSIA
ESLOVAQUIA
HUNGRÍA
100 millas

Ocupado por Alemania

Ocupado por Rusia

Aliados de los alemanes

➡ Avances alemanes

➡ Avances rusos

---- Frontera polaca en 1939

**③ Polonia después de la guerra, 1945**

Mar Báltico
Gdansk (Danzig)
ALEMANIA
CHECOSLOVAQUIA
Varsovia
POLONIA
Cracovia
AUSTRIA
RUSIA
HUNGRÍA
100 millas

A Polonia

A Rusia

---- Frontera polaca en 1945

El Papa pasó los años de la guerra en **Cracovia**, donde estuvo como trabajador forzoso para evitar su deportación a Alemania y comenzó sus estudios clandestinos para el sacerdocio.

Mar Báltico
ALEMANIA
Chelmno
Gross-Rosen
Auschwitz
Skarzysko-Kamienna
Starachowice
Cracovia
Plaszow
Belzec
Janowska
Varsovia
POLONIA
Danzig
Stutthof
Koldichevo
Treblinka
Poniatowa
Majdanek
Sobibor
Trawniki
Budzyn
OSTLAND
UCRANIA
ESLOVAQUIA
HUNGRÍA
100 millas

**② Polonia bajo la ocupación alemana, 1939-1944**

Gobernado por Alemania

Aliados de Alemania

Ocupado por Alemania

---- Frontera polaca en 1939

— Frontera de la Gran Alemania de Hitler, 1942

◗ Campos de exterminio

◗ Otros campos

*Fuentes: U.S. Holocaust Memorial Museum, The Times Atlas of World History*

**El Holocausto**

Los alemanes deportaron a los judíos de toda la Europa ocupada a campos de exterminio en Polonia, donde fueron asesinados sistemáticamente, y también a campos de concentración, donde se les utilizó para trabajos forzados. Se estima que 6 millones de judíos, dos tercios de los judíos que vivían en Europa en 1939, perdieron la vida.

fue o no el Mesías. Pero, dicho esto, esta «humanamente irreconciliable diferencia no se podrá solucionar hasta que Dios no redima a todo el mundo como se promete en las Escrituras».

Sin embargo, una afirmación —«el nazismo no fue un fenómeno cristiano»— provocó un considerable debate dentro del mundo judío, que hizo que algunas eminentes figuras judías se negaran a firmar el documento. El rabino Rudin fue una de ellas. «Yo creo que deja a la Iglesia fuera con demasiada facilidad», dijo.

Hubo otros tropiezos políticos en la relación. Los judíos se enfadaron cuando el Papa recibió formalmente a Kurt Waldheim en el Vaticano, en 1987. Otros Gobiernos extranjeros habían rehuido al recién elegido presidente de Austria, que había sido catalogado en la Lista de Vigilancia del Departamento de Justicia de Estados Unidos, como sospechoso de ser un criminal de guerra. Waldheim había servido como miembro del partido nazi y oficial de la inteligencia militar alemana en los Balcanes durante la Segunda Guerra Mundial.

La decisión del Papa de recibir a Yasser Arafat, el jefe de la Organización para la Liberación de Palestina, en el Vaticano en septiembre de 1982, también levantó ampollas, porque se produjo sólo semanas después de un ataque con granadas y fusiles a la sinagoga de Roma, ataque en el que murió un niño de dos años. El Papa se reunía con Arafat y con los líderes israelíes regularmente cuando iban a Roma, y en todas las ocasiones repetía su llamada de que Israel tenía derecho a vivir con seguridad y que los palestinos debían tener una patria. También hizo llamamientos repetidos a ambas partes para que renunciaran a la violencia. En febrero de 2000, en vísperas de la peregrinación del Papa a Tierra Santa, el Vaticano y la Organización para la Liberación de Palestina firmaron un acuerdo básico que advertía a Israel de que cualquier decisión unilateral que afectase a Jerusalén era «moral y legalmente inaceptable». El Vaticano quiere que Jerusalén, que Israel ha declarado como su capital «unida y eterna», reciba garantías internacionales que la protejan como una ciudad sagrada para los judíos, los musulmanes y los cristianos.

Los judíos se preocuparon también cuando el Vaticano publicó un documento titulado *Dominus Iesus,* en el 2000, en el que se establecía que las religiones no católicas eran «gravemente deficientes», y se añadía que el diálogo entre las religiones se consideraba «parte de la misión evangelizadora de la Iglesia». Estas afirmaciones se vieron suavizadas en cierto modo a través de declaraciones de eminentes cardenales en el sentido de que estas palabras no se aplicaban al judaísmo. Algunas figuras relevantes de la Iglesia insistían en que los católicos no debían cesar en sus intentos por convertir a los judíos. El cardenal Avery Dulles, teólogo de la Fordham University, argumentaba que los cristianos tenían el deber de proclamar la verdad de su religión a todo el mundo, incluidos los judíos. «Si aceptamos que hay ciertas personas para las que no es importante reconocer a Cristo, ser bautizadas y recibir los sacramentos, nos planteamos preguntas sobre nuestra propia vida religiosa», escribió.

Sin embargo, lo más irritante en las relaciones de los judíos y los católicos seguía siendo, con mucho, la disputa sobre la penosa historia que dividía a las dos religiones, y particularmente sobre el significado del Holocausto.

Una de las figuras más controvertidas en las relaciones de los judíos y los católicos fue Edith Stein, una judía conversa que se hizo monja carmelita, pero que fue asesinada en Auschwitz por los nazis porque había nacido judía. En 1998, Juan Pablo II canonizaría a Stein como Santa Teresa Benedicta de la Cruz, un acto que muchos judíos consideraron hiriente, porque parecía sugerir que la única víctima judía del Holocausto que merecía ser venerada era una conversa.

Otras personas, incluidos algunos católicos eminentes, sugirieron que la razón real para la canonización de Stein era que constituía un símbolo útil que permitía a la Iglesia mantener que los católicos fueron objetivos y víctimas del nazismo, y no cómplices. «La canonización de Edith Stein puso de manifiesto lo lejos que estaba dispuesta a llegar la Iglesia para reescribir su propia historia durante el Holocausto», dijo James Carroll.

La sobrina de Stein, Suzanne Batzdorff, comentó: «Para los judíos, yo creo que Edith Stein representa un abismo, y no un puente. Una judía conversa no puede ser un modelo para los judíos. He hablado con muchos católicos que están en la vanguardia del diálogo judeo-católico y que dicen que necesitan un símbolo para el Holocausto. Los judíos no necesitamos un símbolo, porque para nosotros todo es real; además, casi todas las familias tienen su propia víctima, o víctimas».

Ceremonia de canonización de Edith Stein, una monja judía convertida al cristianismo que murió en Auschwitz durante la Segunda Guerra Mundial, 11 de octubre de 1998. Paul Hanna/Reuters

En 1984, un grupo de monjas carmelitas devotas de la memoria de Stein se trasladó a un edificio cerca de las puertas de Auschwitz, donde se comprometió a ofrecer oraciones cristianas. Los judíos de todo el mundo se sintieron ultrajados por su presencia en un lugar donde fueron asesinadas al menos 1.100.000 personas, el 90 por ciento de las cuales eran judías. Los judíos, airados, lanzaron inmediatamente una campaña internacional contra los esfuerzos por «cristianizar el Holocausto». Las pasiones y las actitudes se enconaron durante años, y el convento se convirtió en una herida sangrante en las relaciones de los judíos y los católicos. Nacionalistas polacos y católicos fanáticos erigieron cientos de cruces en lo que es el mayor cementerio judío del mundo. Finalmente, intervino Juan Pablo II, pidiendo a las monjas que se trasladaran a otro edificio, a corta distancia del anterior. La mayor parte de las cruces se quitaron, pero permaneció una gigante de 20 pies de altura, único símbolo religioso en el antiguo campo de exterminio. Fue la erigida originalmente por el Papa durante su misa de 1979.

Cuando el Papa visitó Polonia en 1999, el rabino Menachem Joskowicz le hizo una conmovedora y franca apelación: «Me gustaría instar al Papa a que diga a su pueblo que quite la última cruz del campo para que los judíos que vienen aquí puedan decir su oración final antes de morir». Al subrayar la delicada naturaleza de la disputa sobre la cruz, Joskowicz fue criticado por los lideres de la comunidad judía de Varsovia por hacer los comentarios.

En marzo de 1998, el Vaticano publicó *Recordamos: una reflexión sobre el Holocausto,* en lo que se suponía que iba a ser su última palabra sobre el significado del Holocausto. La Iglesia expresó su pesar por las «faltas de sus hijos e hijas en todas las épocas» y planteó el documento como un acto de *teshuva,* la palabra hebrea para arrepentimiento. Sin embargo, el documento trataba de hacer una distinción entre las actitudes tradicionales antijudías predicadas por la Iglesia y el nazismo, al que identificó como una ideología pagana desconectada del cristianismo. En el documento se preguntaba: «¿Dieron los cristianos toda la asistencia posible a los que estaban siendo perseguidos, y en particular a los judíos perseguidos? Muchos lo hicieron, pero otros no». Muchos comentaristas se apresuraron a considerar que la frase era una forma grotesca de reescribir la historia. Philip Cunningham, director del Centro para el Aprendizaje Cristiano Judío del Boston College, la consideró como una «formulación singularmente débil y mal concebida. En realidad, algunos lo hicieron (ayudar a los judíos), y la mayoría no lo hizo». El historiador católico Gary Wills escribió: «Aunque en el nuevo

El cardenal Edward Cassidy, presidente de la Comisión del Vaticano para las Relaciones Religiosas con los judíos, que redactó el documento oficial del Vaticano *Recordamos* sobre el Holocausto, 16 de marzo de 1998. Max Rossi/Reuters

«Esa ausencia de una palabra sincera sobre la solución final que se estaba desarrollando proclamaba al mundo que el vicario de Cristo no se sentía movido a la piedad y a la indignación. Desde este punto de vista, fue el Papa ideal para el innombrable plan de Hitler. Fue un peón de Hitler. Fue el Papa de Hitler», escribió.

La hermana Margherita Marchione, una monja americana y autora de varios libros en defensa de Pío XII, ha rechazado acusaciones como las formuladas por Cornwell, Carrol, Gary Wills y otros autores. «No se deben subestimar sus acciones —acogiendo los judíos en el Vaticano y en la residencia de verano papal en Castelgandolfo; ordenando que los conventos, los monasterios, los hospitales y las escuelas acogieran a los judíos, la extensión de falsos certificados de bautismo, de documentos de identidad y pasaportes falsos, así como el hecho de proporcionar dinero para rescate y viaje a otros países—», dijo.

Con el primer ministro israelí Isaac Rabin, el año antes de que fuera asesinado, 17 de marzo de 1994.
Fotografía del Vaticano

documento se formulan expresiones de compasión por el sufrimiento judío, se dedica más energía a exonerar a la Iglesia y a culpar a los nazis de no seguir las enseñanzas de la Iglesia, que a lamentar las víctimas del holocausto».

El rabí Rudi vio *Recordamos* como un intento del Vaticano por distanciarse de lo que los críticos dicen que es, al menos, una complicidad indirecta en el Holocausto. «Si la narración del Holocausto que se hace en este documento queda como la última palabra de la Iglesia, tenemos un grave problema», dijo.

*Recordamos* incluye también una defensa de la actuación durante la época de la guerra del papa Pío XII (1939-1958), una figura muy controvertida y disgregadora, llamada «el Papa de Hitler» en la biografía de John Cornwell, de 1999. Pío XII, candidato a la beatificación, nunca denunció abiertamente el genocidio nazi contra los judíos, aunque los críticos dicen que tenía abundante información de que se estaba produciendo. El documento del Vaticano decía que Pío XII había trabajado entre bastidores para salvar las vidas de cientos de miles de judíos, y argumentaba que hablar abiertamente contra el Holocausto hubiera puesto en peligro las vidas de millones de católicos, sin ayudar a ningún judío. Cornwell consideró este argumento no creíble.

El mismo Juan Pablo II ha defendido a Pío XII, calificándole como «un gran Papa», y cree que su predecesor ha sido tratado injustamente.

En un esfuerzo por poner fin a la controversia, el Vaticano reunió en 1999 una comisión de tres historiadores judíos y tres católicos para que examinaran los archivos. Pero el esfuerzo fue contraproducente y causó más amargura. En julio de 2001, la comisión suspendió sus actividades ante la negativa del Vaticano a abrir sus archivos de los años de la guerra para su examen. La comisión había preparado un informe planteando cuestiones candentes que los eruditos decían que no se podían contestar sin el acceso a más material de archivo. El Vaticano decía que no había nada que ocultar, pero que los archivos no se podrían abrir, probablemente en años, hasta que no se hubieran terminado de catalogar todos los documentos.

A pesar de estos penosos desacuerdos, muchos de los implicados en los distintos aspectos del diálogo entre católicos y judíos confiaban en que las relaciones fueran lo suficientemente robustas como para resistir tales tensiones.

Expresaron su fe en que los cambios que habían aportado el papa Juan Pablo II y sus interlocutores judíos fueran, en gran parte, irreversibles y pudieran permanecer como un monumento firme de su pontificado. Pero otros seguían cautelosos, advirtiendo de que era ingenuo y poco realista creer que una atormentada historia de 2000 años se podía borrar completamente en el transcurso de una sola generación. Si el próximo Papa llegara a proclamar una renovación en los esfuerzos para convertir a los judíos, gran parte del trabajo de los pasados 20 años podía quedar inservible.

Para los judíos, la pregunta central que planteaban a los cristianos seguía siendo, en palabras del rabino Michael Signer: «¿Podemos confiar en ustedes; podemos confiar en ustedes ahora?» Para el papa Juan Pablo II, la respuesta fue un tajante «sí». Serán sus sucesores quienes tendrán que proporcionar una respuesta en el futuro.

*En memoria de Adolph y Bertha Elsner, ejecutados en el campo de exterminio de Belzec, Polonia, en agosto 1942.*

## Con sus propias palabras

«Estoy entero; no he muerto todavía» (durante su primera audiencia pública, después de caerse y dislocarse el hombro en 1993).

«He entendido lo que es la explotación y me he puesto inmediatamente de parte del pobre, del desheredado, del oprimido, del marginado y del indefenso. El poderoso de este mundo no siempre mira de forma favorable a un Papa como éste» (entrevista con el periodista polaco-italiano Jan Gawronski en 1993).

«Tienen que admirar mi lealtad» (dirigiéndose humorísticamente al equipo médico del hospital Gemelli de Roma, donde entró en 1994 por sexta vez en su pontificado para curarse de una fractura de fémur).

«Yo declaro que la Iglesia no tiene autoridad ninguna para permitir la ordenación sacerdotal de las mujeres, y que este juicio será mantenido definitivamente por toda la fe de la Iglesia» (en una carta en 1994, en la que confirmaba la prohibición del sacerdocio de las mujeres).

«Hasta el día de hoy, Auschwitz no deja de alertarnos, recordándonos que el antisemitismo es un gran pecado contra la Humanidad, y que todos los odios raciales conducen inevitablemente al atropello de la dignidad humana» (hablando del campo de la muerte nazi, en su libro de 1994, *Cruzando el umbral de la esperanza*).

«Dicen que el Papa se está haciendo viejo y que no puede andar sin bastón, pero, de una manera o de otra, todavía estoy aquí. Mi cabello está intacto, y tampoco mi cabeza está tan mal. Deben decir sobre mí "no sólo era Papa, sino que esquiaba y navegaba en canoa" y quién sabe qué más. E incluso que se rompe a veces la pierna» (a los obispos polacos en enero de 1995).

El papa Juan Pablo II reza en el monumento en memoria del Holocausto de Umschlagplatz, en Varsovia. El monumento señala el lugar en donde se reunía a los judíos y se formaban los convoyes para trasladarlos a los campos de concentración en la Segunda Guerra Mundial. 11 de junio de 1999.
Vincenzo Pinto/Reuters

La tierra de leche y miel. Contemplando el paisaje desde el
Monte Nebo de Jordania, desde donde Moisés vio la Tierra
Prometida por primera vez. 20 de marzo de 2000.
Fotografía del Vaticano

Con los rabinos israelíes Meir Lau y Eliahu Bakshi-Doran en
Jerusalén, 23 de marzo de 2000. Radu Sigheti/Reuters

Honrando a los muertos. En el memorial Yad Vashem a las
víctimas del Holocausto. Jerusalén, 23 de marzo de 2000.
Jim Hollander/Reuters

En el Yad Vashem. Jerusalén, 23 de marzo de 2000.
Jim Hollander/Reuters

En el Muro de las Lamentaciones. 26 de marzo de 2000.
Jim Hollander/Reuters

Un diálogo difícil. El Papa, sentado entre el rabino principal de Israel, Meir Lau, y el clérigo musulmán Sheikh Tayseer Al-Tamini, en Jerusalén. El líder judío y el clérigo musulmán no se estrecharon la mano, Tayseer abandonó el encuentro pronto, sin tomar parte en una ceremonia en la que se iban a plantar árboles, 23 de marzo de 2000. Radu Sigheti/Reuters

Con el rabino Yaakov Dov Bleich en el monumento judío Babi Yar*,
en Kiev, Ucrania, 25 de junio de 2001. Vincenzo Pinto/Reuters

---

* Nombre de un barranco al norte de Kiev, donde están enterradas más de 100.000 personas, la mayoría judías,
asesinadas por las SS alemanas entre 1941 y 1943, hoy convertido en símbolo del Holocausto *(N. del T.)*.

# Un papado paradójico

## Tom Heneghan

Se trataba de una cumbre que ningún emperador, rey o presidente podía convocar. El 27 de octubre de 1986, el papa Juan Pablo II invitó a los líderes de las religiones del mundo a reunirse en Asís, el lugar de nacimiento del humilde San Francisco, para rezar por la paz. Docenas de clérigos judíos, musulmanes, protestantes, ortodoxos, budistas y sijs peregrinaron a la ciudad de la Italia central. También acudieron a la llamada animistas africanos y sintoistas japoneses. El encuentro de oración celebraba la unidad de los creyentes y la diversidad de sus creencias, representadas por huéspedes que iban desde el Dalay Lama del Tíbet o el arzobispo anglicano de Canterbury, Robert Runcie, a John Pretty-on-Top, un hechicero indio de Montana. Se trataba de un testimonio de fe conmovedor, a pesar de las diferencias, y el jefe de la iglesia más numerosa en fieles del mundo subrayaba el bien que podían hacer juntos. «Podemos aprender a caminar juntos en paz y armonía o podemos separarnos y arruinarnos a nosotros mismos y a los demás», dijo Juan Pablo II a sus huéspedes.

Ese mismo año, el Vaticano adoptó un enfoque distinto sobre las diferencias en el seno de la propia Iglesia católica. Separó de su plaza como profesor de teología moral en la Universidad Católica de Washington al padre Charles Curran, porque había cuestionado las enseñanzas de la Iglesia en asuntos de moralidad sexual. Le ordenó a un jesuita californiano que abandonase una encuesta que estaba realizando sobre los puntos de vista de los obispos americanos en cuanto al celibato de los sacerdotes y la ordenación de las mujeres, dos temas en los que tampoco el Papa toleraba el debate. El jesuita dejó el sacerdocio más tarde. La Iglesia de Estados Unidos no fue la única que estuvo en el punto de mira del Vaticano. Al principio del papado de Juan Pablo II, Roma castigó a la escuela de la «teología de liberación» de Latinoamérica, y eligió obispos conservadores para enfrentarse a ella. También se producirían sanciones contra otros teólogos, especialmente europeos y asiáticos.

El pontificado de Juan Pablo II ha sido un escenario de contrastes. Jamás había tenido la Iglesia un Papa de perfil tan alto que haya llevado el mensaje de Cristo a todos los lugares del globo. Su incesante evangelización lo ha convertido en una de las figuras más conocidas del mundo, en un líder internacional que defiende una visión moral en medio de las tensiones y luchas del mundo. Millones de personas han acudido en tropel para oírle predicar por todo el globo. Incluso los jefes de regímenes oficialmente ateos, como el ex presidente soviético Mijail Gorbachov y el líder cubano Fidel Castro, le han tratado con profundo respeto. Su decisión de continuar predicando la palabra de Dios a pesar de su avanzada edad y de su enfermedad, ha impresionado profundamente a los católicos y a los no católicos de todo el mundo.

Sin embargo, dentro de su Iglesia de mil millones de almas, las opiniones sobre las políticas de Juan Pablo II se han dividido tanto como se han unido en torno a su personalidad. Para los católicos de todo el mundo, la Iglesia representa una fuente de valores eternos y de autoridad moral. Pero sus interpretaciones adoptan muchas formas. A lo largo de su papado, Juan Pablo ha promulgado una ortodoxia estricta que los funcionarios vaticanos defienden sin descanso. Ha centralizado en el Vaticano la toma de decisiones para asegurar que las iglesias locales siguen la línea de Roma. Sus críticos se exasperan con esta disciplina, tildando su estilo de autoritario. A los católicos liberales de los países occidentales les disgustan los puntos de vistas tradicionales que el Papa aportó al Vaticano desde su Polonia natal. Pero quienes apoyan con entusiasmo al Papa dicen que Juan Pablo II hace exactamente lo que debería hacer un pontífice: dirigir la Iglesia con autoridad. Creen que la Iglesia no debería cambiar simplemente para amoldarse a los tiempos. El catolicismo representa muchas verdades sobre Dios, los seres humanos y las relaciones entre ellos, dicen, y lo que ha funcionado durante 2000 años debe continuar en el futuro. George Weigel, teólogo conservador americano y biógrafo de Juan Pablo II, habla para estos creyentes cuando califica a los liberales como parte de una «tripulación que naufraga», la cual si se la deja desenfrenada, llevaría a un desmoronamiento moral y doctrinal del catolicismo.

El catolicismo vigoroso que Juan Pablo II ha defendido contra lo que él ve como decadentes y falsos dioses del mundo moderno, ha sido a veces irritante para los no católicos, que no comparten el estilo vaticano de «pensar en siglos». Los mismos líderes religiosos conmovidos por la cumbre de Asís, se sintieron heridos 14 años más tarde, cuando el Vaticano, alarmado ante teólogos que consideraba demasiado ecuménicos, dijo que otras creencias eran «gravemente deficientes», y que no se debería llamar «iglesias hermanas», porque el catolicismo era la Iglesia madre de la cristiandad.

A medida que estos debates se han ido enconado, la Iglesia y el mundo han cambiado de una forma que Juan Pablo II apenas hubiera podido imaginar cuando se ordenó sacerdote en 1946. El centro de gravedad del catolicismo ha cambiado de Europa y Norteamérica al Tercer Mundo, especialmente América Latina, donde continúa vivo el fervor religioso. En África y en determinadas partes de Asia, la cristiandad compite —a veces violentamente— con el islam en una carrera por ganar las almas de los fieles de las decadentes religiones locales. La Iglesia se enfrenta a una dramática escasez de sacerdotes en todo el mundo. En los países occidentales, donde se han puesto en cuestión todas las formas de autoridad, la confianza en la jerarquía ha caído en picado y los críticos piden una amplia gama de reformas. Al mismo tiempo, y a pesar de la ensordecedora controversia y del cambio, un gran rebaño de creyentes de todo el globo sigue creyendo, y permanece leal a la mayor Iglesia del mundo.

Un católico podría preguntar, en el lenguaje oficial de la Iglesia, *Quo vadis Ecclesia Christi?* («¿dónde vas, Iglesia de Cristo?»). Las respuestas a esta pregunta vuelven a diferir. Algunos consideran el lado humano, y dicen que dependerá de quién suceda a Juan Pablo II. Otros subrayan la doctrina de la Iglesia en el sentido de que el Espíritu Santo guía la elección y las políticas de cualquier Papa. Pero todos están de acuerdo en que cualquier cambio significativo tardará en venir, y que cualquier predicción sobre el próximo pontificado no pasa de ser un juego de azar. Después del acérrimo conservador Pío XII, por ejemplo, nadie podía haber adivinado que el «abuelete» Juan XXIII fuera a promover reformas radicales. El Concilio Vaticano II convocado por él en 1962, fue un punto de inflexión que llevó a la Iglesia a la edad moderna, abriendo el debate teológico, sustituyendo el latín por las lenguas locales en la misa, e invitando a los laicos a jugar un mayor papel en sus parroquias. Juan Pablo II ha llenado el colegio cardenalicio de hombres sólidamente conservadores con la pretensión de que vayan a actuar con precaución, pero esto no significa que vayan a elegir un nuevo Sumo Pontífice a su imagen y semejanza. Quienquiera que sea el próximo Papa, va a heredar una Iglesia profundamente marcada por el largo pontificado de Juan Pablo II y, tendrá que encontrar sus propias respuestas a los retos que tenga que afrontar.

## Abierto y cerrado

Una de las más sobresalientes cualidades de Juan Pablo II ha sido su convicción, firme como una roca, a la hora de predicar un mensaje que a menudo iba directamente contra el espíritu de los tiempos. En los capítulos anteriores hemos hablado de su papel en el desafío al comunismo en Polonia y en la defensa los derechos humanos en todo el mundo. Cuando los mercados bursátiles globales estaban en plena ebullición, el Papa criticó sin descanso a la sociedad de consumo tachándola de superficial y, en último término, insatisfactoria. Durante el año jubilar de 2000, se erigió en campeón de la exigencia del alivio de la deuda para los países del Tercer Mundo, olvidados en la mercadomanía de Occidente. Juan Pablo II también avanzó en el diálogo entre las religiones después de Asís, pidiendo disculpas a los judíos, los protestantes, los ortodoxos y los musulmanes por errores cometidos en nombre de la Iglesia durante siglos. Cualquiera que fuese el tema, el Papa ha encontrado una forma de aportarle una perspectiva moral más profunda a la que aspirar. Como señaló el padre Thomas Reese, el editor liberal de la revista semanal de los jesuitas, *América,* «Juan Pablo pasará a la historia como la figura mundial más importante de la segunda mitad del siglo XX. Ha sido, sencillamente, el hombre adecuado, en el lugar adecuado, en el momento preciso».

Los llamamientos de Juan Pablo II a la libertad en todo el mundo no han tenido eco siempre dentro de su Iglesia. Considerando que los liberales habían llevado las reformas del Vaticano demasiado lejos, ha ejercido el control papal sobre las universidades católicas, y ha reducido el poder de las iglesias locales para decidir sobre algunas materias políticas por sí mismas. La Congregación para la Doctrina de la Fe, el departamento de vigilancia teológica del Vaticano, ha sancionado a eminentes teólogos por enfrentarse a las enseñanzas de la Iglesia, entre ellos al teólogo suizo Hans Kung, que perdió su derecho a enseñar teología católica en la Universidad de Tubinga, Alemania, por cuestionar la infalibilidad del Papa; lo mismo le había ocurrido a Curran por cuestionar las enseñanzas sobre moralidad sexual. El jesuita belga Jacques Dupuis fue obligado, bajo presión del Vaticano, a renegar de algunos puntos de vista sobre el diálogo interreligioso. Los que han sido objeto de estos castigos han acusado al presidente de la Congregación, el cardenal alemán Joseph Ratzinger, de actuar de forma demasiado dura.

«En la Iglesia hay miedo al debate, y la sospecha de que si aireamos nuestros desacuerdos, se minará la autoridad de la Iglesia —dijo el padre Timothy Radcliffe un inglés antiguo general de la orden de los dominicos en todo el mundo—. Pero yo creo que nada mina tanto la autoridad de la Iglesia como la sospecha de que no decimos lo que creemos... No podemos buscar la verdad si no nos atrevemos a jugar con las ideas, a ensayar hipótesis locas para ver adónde nos llevan, a dejar volar al pensamiento y a arriesgarnos».

Pero la disidencia representa sólo una parte. Muchos otros teólogos de talento están de acuerdo con el inalterable rumbo que ha trazado el Papa, pero sus nombres no son tan familiares como los de quienes han sido sancionados. Ellos no ven el debate teológico como una cuestión de libertad intelectual, independiente de la tradición católica, sino como un esfuerzo intelectual disciplinado para entender la revelación divina. «Toda especulación (teológica) debe tener lugar con la determinada convicción de "pensar con la Iglesia", y con un claro entendimiento de que la norma de fe la deciden los pastores de la Iglesia, no los teólogos de la Iglesia —ha escrito Weigel—. El Papa y los obispos no hacen las cosas sobre la marcha. La doctrina no es una cuestión de capricho o voluntad papal o episcopal. Los Papas y los obispos son los sirvientes, no los dueños, de la tradición: las verdades que hacen que la Iglesia sea lo que es. Por eso, el Papa y los obispos son profesores autorizados, no déspotas autoritarios.»

Sofía, Bulgaria, 23 de mayo de 2002. Oleg Popov/Reuters

Desde el comienzo de su papado, Juan Pablo II dejó claro que deseaba que la Iglesia se enfrentara al mundo secular en lugar de adaptarse a él. Animó a los sacerdotes a llevar con orgullo sus alzacuellos romano en lugar de vestir ropa de calle anónima cuando salían de sus iglesias. Ha mantenido en voz alta una estricta moralidad sexual: no al sexo antes del matrimonio, no al control artificial de la natalidad, no a la comunión para los católicos divorciados y no a un nuevo matrimonio por la Iglesia después de un divorcio. «La respuesta a la actual crisis no se encontrará en el catolicismo suave —decía Weigel en su último libro, *El coraje de ser católico*—. Sólo se encontrará en un catolicismo clásico, un catolicismo con el valor de ser contracultural, un catolicismo que ha reclamado la sabiduría del pasado para enfrentarse con las corrupciones del presente y crear un futuro renovador, un catolicismo que se arriesga a la gran aventura de la fidelidad.»

## Distribución global de la Iglesia católica

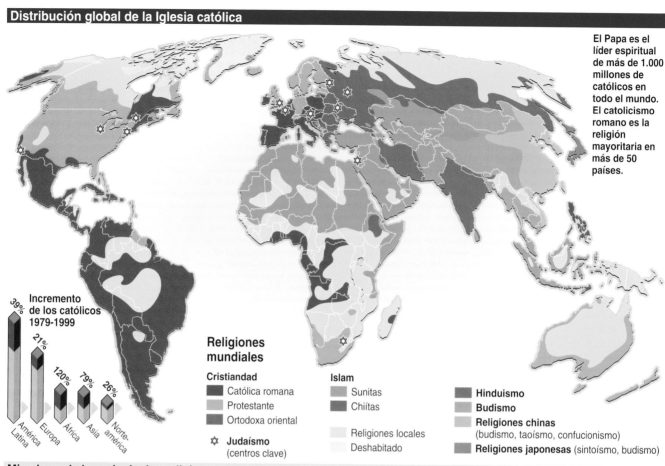

El Papa es el líder espiritual de más de 1.000 millones de católicos en todo el mundo. El catolicismo romano es la religión mayoritaria en más de 50 países.

**Incremento de los católicos 1979-1999**

39% — América Latina
21% — Europa
120% — África
79% — Asia
26% — Norte-américa

**Religiones mundiales**

**Cristiandad**
- Católica romana
- Protestante
- Ortodoxa oriental

✡ Judaísmo (centros clave)

**Islam**
- Sunitas
- Chiítas

Religiones locales
Deshabitado

**Hinduismo**
**Budismo**
**Religiones chinas** (budismo, taoísmo, confucionismo)
**Religiones japonesas** (sintoísmo, budismo)

## Miembros de las principales religiones en todo el mundo, 2000

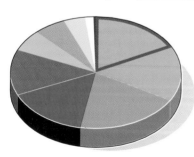

| Millones | África | Asia | Europa | América Latina | Norte América | Mundo |
|---|---|---|---|---|---|---|
| ☐ Católicos romanos | 120,39 | 118,71 | 285,98 | 461,22 | 71,04 | 1.057,34 |
| ▨ Cristianos en general | 360,23 | 337,96 | 559,64 | 481,10 | 260,62 | 1.999,55 |
| ▨ Musulmanes | 317,37 | 833,18 | 31,57 | 1,67 | 4,45 | 1.188,24 |
| ▨ Ateos y no religiosos | 5,44 | 734,20 | 130,76 | 18,69 | 30,15 | 919,24 |
| ▨ Hindúes | 2,35 | 805,48 | 1,42 | 0,77 | 1,33 | 811,35 |
| ▨ Miembros de religiones chinas | 0,03 | 383,47 | 0,26 | 0,19 | 0,85 | 384,80 |
| ▨ Budistas | 0,13 | 354,95 | 1,55 | 0,65 | 2,70 | 359,98 |
| ▨ Miembros de religiones locales | 96,81 | 128,57 | 1,26 | 1,29 | 0,44 | 228,37 |
| ☐ Miembros de nuevas religiones* | 0,09 | 100,64 | 0,16 | 0,62 | 0,84 | 102,35 |
| ■ Judíos | 0,21 | 4,53 | 2,53 | 1,14 | 6,02 | 14,43 |

*Fuentes: Encyclopedia Britannica World Book; Catholic Missionary Union of England and Wales; World Almanac 2002*

* Seguidores de nuevas religiones de Asia en el siglo XX, nuevos movimientos religiosos, nuevas religiones de crisis radicales, y religiones de masas sincretistas no cristianas, fundadas todas desde 1800, y la mayor parte desde 1945.

El reto es emocionante. Supone un aviso para muchos católicos antiguos educados en la disciplina de la Iglesia anterior a los años sesenta del siglo XX, así como a un creciente número de católicos más jóvenes de todo el mundo que ven en el retorno a los valores tradicionales respuesta a sus propias cuestiones candentes sobre su fe. El reto se alza claramente ante los millones de jóvenes que salen de los Días Mundiales de la Juventud, el «seminario católico» global que se celebra cada dos años. Aclaman al anciano Papa como a una estrella de rock y abarrotan las misas al aire libre que celebra. ¿Pero, obedecen a todo lo que dice? Una encuesta antes del Día Mundial de la Juventud celebrado en París en 1997, puso de manifiesto que las tres cuartas partes de los jóvenes franceses entrevistados no estaban de acuerdo con las doctrinas de la Iglesia sobre el sida, la contracepción y el aborto. Cerca del 80 por ciento de los católicos americanos y del 90 por ciento de los católicos alemanes piensan que el control de la natalidad es cuestión de conciencia individual, según la encuesta. Como observó Reese, «sencillamente no se ha ganado a la gente en lo que se refiere al control de la natalidad. El sigue enseñando, pero los estudiantes no le escuchan».

La Iglesia ha sufrido un constante declive en los países occidentales desde los años sesenta, tanto en lo que se refiere a la asistencia a misa, como a las vocaciones. En la, en otro tiempo, sólidamente católica Irlanda, la asistencia a misa ha caído desde el 90 por ciento de entonces al 50 por ciento actual, con índices mucho más bajos en ciudades como Dublín. La misma tendencia se ha producido en Estados Unidos, donde la asistencia ha caído de un 50 a un 25 por ciento desde 1972. En países europeos, como Francia, ha llegado a ser de un 10 por ciento. En una tendencia significativa, la Iglesia polaca, que con tanto éxito luchó contra el comunismo opresor, ha visto cómo los bancos de sus iglesias estaban cada vez más vacíos los domingos desde la llegada de la democracia y del consumismo.

Por lo que se refiere a las vocaciones, la Iglesia se enfrenta a un enorme reto simplemente para reponer las filas del clero. El número de hombres que abrazan el sacerdocio, o que permanecen en él, ha experimentado un agudo declive después del Vaticano II. Este descenso parece haber terminado —el número total de sacerdotes creció en 1999 por primera vez desde 1978—, y la población católica de todo el mundo ha continuado creciendo firmemente. Como la edad media de los sacerdotes en Occidente supera los 60 años, las filas del clero van a verse mermadas drásticamente en los próximos diez a veinte años, debido a la jubilación y a la muerte. El anuario del Vaticano, *Annuario Pontificio 2002,* pone de manifiesto que en 2001 hubo un incremento neto de sólo 189 sacerdotes en todo el mundo, y que hay 405.178 sacerdotes para atender a más de 1.000 millones de católicos. En Irlanda, un país que en su momento envió sacerdotes por todo el mundo, los seminarios están cerrando. En Estados Unidos, el 27 por ciento de las parroquias no tienen sacerdote. En Europa, las cifras superan el 30 por ciento. Como consecuencia de la escasez de sacerdotes, los flujos tradicionales de misioneros por todo el mundo están cambiando. Si los europeos evangelizaron las colonias, ahora, sacerdotes africanos y asiáticos se trasladan a Europa Occidental y a Norteamérica para ayudar a llevar las parroquias.

El cardenal belga Godfried Danneels ha advertido de que el catolicismo podría acabar desapareciendo en distintas partes de Europa si no cuenta con sacerdotes suficientes para celebrar sacramentos como la eucaristía, el bautismo o el matrimonio, que son esenciales. «Sin los sacramentos, nos convertiremos en una Iglesia protestante», ha dicho. Pero esas iglesias difícilmente pueden ser un modelo; en primer lugar por razones teológicas, pero también porque han sufrido una notable erosión de sus rebaños. «La reforma del sacerdocio católico no puede significar que los sacerdotes católicos se parezcan más a los anglicanos, luteranos, presbiterianos, metodistas, congregacionalistas o unitarios. Sólo puede significar una reforma en la que los sacerdotes católicos se hagan más intensa, intencional y manifiestamente católicos», dice Weigel.

## La Iglesia universal

«Católico» significa universal. La diversidad de la Iglesia se ve perfectamente en la plaza de San Pedro cada Domingo de Resurrección, durante la bendición papal anual *Urbi et Orbi* («para la ciudad y para el mundo»). Juan Pablo II, que es un dotado lingüista, lee cortos mensajes en varias docenas de idiomas a las multitudes que agitan banderas, procedentes de todo el mundo. Su pontificado ha sido un largo y sostenido esfuerzo para mantener a esta Iglesia mundial bajo un gobierno central firme. Algunos obispos dicen que sus conferencias nacionales no son escuchadas en la curia, la burocracia del Vaticano, como les gustarían que lo fuesen. «La curia nos trata como a monaguillos», se quejaba una vez el difunto cardenal de Chicago, Joseph Bernardin.

Un factor crucial en el debate de la unidad frente la diversidad es el hecho de que la Iglesia, que durante los primeros 1.500 años de su existencia estuvo centrada fundamentalmente en Europa, ha cambiado su centro de gravedad al Tercer Mundo. Ahora, el 40 por ciento de los católicos viven en América Latina, el 27 por ciento en Europa, el 12 por ciento en África, el 10 por ciento en Asia y el 9 por ciento en Norteamérica. Esto ha producido un creciente distanciamiento en cuanto a la actitud entre Norte y Sur, y ciertas voces en algunas partes de Europa y de Norteamérica hablan del cambio que va a producirse a medida que los católicos del Tercer Mundo consigan ventaja numérica. Un rápido viaje alrededor del mundo revela una amplia variedad de iglesias locales, cada una con sus propios retos para el Vaticano y para el hombre que sucederá a Juan Pablo II.

## Norteamérica

El escándalo golpeó a la Iglesia de Estados Unidos a principios de 2002, cuando se descubrió que la archidiócesis de Boston habían estado reubicando calladamente a sacerdotes que había abusado de niños en nuevas parroquias durante años, sin poner al corriente a los parroquianos. Las sórdidas historias de hombres en los que se confiaba aprovechándose de inocentes produjo conmoción en los fieles y provocó que se pidiera la dimisión del cardenal Bernard Law. El escándalo continuó cuando emergieron por todas partes del país casos de abusos, y cuando la Iglesia utilizó fríos argumentos legales para proteger a los sacerdotes que habían errado y a los obispos responsables. El Vaticano apenas sí ayudó, al decir inicialmente que se trataba de un «problema americano» producto de una sociedad atiborrada de sexo, de abogados rapaces y de medios de comunicación anticatólicos y lascivos.

El cardenal de Boston Bernard Law, el 23 de julio de 2002.
Jim Bourg/Reuters

Una Iglesia confusa. Dos niñas protestan contra el cardenal de Boston Bernard Law, que se vio metido en el escándalo de pedofilia de la Iglesia de Estados Unidos. 28 de abril de 2002.
Jim Bourg/Reuters

Los obispos de Estados Unidos trataron de responder al escándalo, presionados por las víctimas de los abusos y por la cobertura de unos medios de comunicación implacables. Juan Pablo II llamó al Vaticano a los cardenales americanos para efectuar consultas de emergencia en abril de 2002. En una reunión de crisis, en junio, los obispos calificaron el abuso sexual como un cáncer de la Iglesia, y se pusieron de acuerdo para prohibir a los clérigos infames ejercer cualquier tipo de ministerio público. Las víctimas, airadas, clamaron que esto no era la política de «tolerancia cero» que demandaban, mediante la cual se debería impedir trabajar como sacerdote a todo clérigo acusado creíblemente de abuso sexual. Aún se desilusionaron más cuando el Vaticano rechazó las directrices de Estados Unidos, diciendo que eran legalmente ambiguas, y que hacían que los sacerdotes acusados fueran considerados culpables hasta que no se demostrara su inocencia, así como que no dejaban lugar para las virtudes cristianas de arrepentimiento y perdón, en el caso, por ejemplo, de que una persona sólo hubiera faltado una vez. Los obispos comenzaron, a elaborar nuevas directrices, en colaboración con el Vaticano, que permitieron la destitución de los clérigos culpables.

Pero el escándalo se resistía a morir. A principios de diciembre, Law voló a Roma sin anunciarlo. El 13 de diciembre, su viernes negro, el Papa aceptó su dimisión y nombró a un administrador especial para que rigiera temporalmente la archidiócesis de Boston. El escándalo dejó tras de sí un profundo disgusto. Law dijo que esperaba que su marcha permitiría la cicatrización. «Rezo

Madres airadas manifestándose en el Día de la Madre en Boston contra el cardenal Bernard Law, por su gestión del escándalo de pedofilia en Estados Unidos. 12 de mayo de 2002. Jim Bourg/Reuters

fervientemente para que esta acción pueda ayudar a la archidiócesis de Boston a conseguir la cicatrización de las heridas, la reconciliación y la unidad que se necesitan tan desesperadamente. Pido disculpas a todos aquéllos que han sufrido por mis fallos y errores, e imploro su perdón».

Muchos sintieron que era demasiado poco, y demasiado tarde.

## Europa

El corazón tradicional de la Iglesia se ha convertido en una de las regiones más seculares del mundo. La asistencia a misa y las vocaciones han disminuido dramáticamente. En muchos países, la gente sólo va a la iglesia para los principales rituales de la vida, como el bautismo, el matrimonio y los funerales. Puede que la política del Papa de elegir obispos profundamente conservadores haya ensanchado el abismo entre la jerarquía y los laicos, especialmente en países con fuerte influencia protestante, como Alemania, Suiza y Holanda. Como contraste, sólo ha mejorado la posición de la Iglesia en países tradicionalmente católicos, como Italia, España y Portugal. «Movimientos religiosos nuevos» de rápido crecimiento, que llaman a los

Dirigiéndose a los líderes católicos de Estados Unidos convocados en el Vaticano para debatir el escándalo de pedofilia en ese país. 23 de abril de 2002. Fotografía del Vaticano

laicos a vivir su fe en la vida de cada día también han agradado a Juan Pablo II. Los más conocidos son el conservador Opus Dei y los neocatecúmenos, ambos con origen en España, y grupos italianos como Comunión y Liberación, Focolare, y La Comunidad de San Egidio.

Irlanda, que fue en su momento un modelo de piedad popular, se ha visto sacudida por una década de escándalos de abusos sexuales que ha hecho caer a los curas de sus pedestales y los ha dejado en ridículo ante el público. El asunto comenzó con el obispo Eamonn Casey, que admitió en 1992 haber tenido una aventura con una divorciada, fruto de la cual nació un hijo ilegítimo. A lo largo de los años noventa surgieron casos de sacerdotes que abusaron de chicos en Irlanda y en Alemania, Francia y Austria. Las cuestiones de abuso sexual raramente se producen en otros países con larga herencia católica, lo que hace sospechar que los viejos hábitos de secretismo y deferencia hacia los clérigos siguen prevaleciendo allí. Italia no tiene unas directrices públicas para tratar los abusos a los niños, aunque se haya encarcelado por pedofilia a un puñado de curas. En la Polonia del Papa, el arzobispo de Poznan, Juliusz Paetz, tuvo que renunciar a principios de 2002, después de verse acusado de acosar sexualmente a seminaristas y a sacerdotes jóvenes.

## América Latina

Juan Pablo II hizo su primer viaje papal en 1979 a México para leer la cartilla al movimiento de la «teología de liberación» que era entonces popular por toda América Latina. Esta corriente del catolicismo popular acentuaba la naturaleza revolucionaria del mensaje de Cristo, y abogaba por la acción radical para ayudar al pobre. El Papa, a pesar del papel que había jugado en Polonia, dijo a los curas que se quedaran al margen de la política. También comenzó a elegir a conservadores para la jerarquía local, y aisló gradualmente a los activistas de la teología de la liberación.

La retórica marxista ha desaparecido, pero la justicia social sigue siendo una gran prioridad para la Iglesia en América Latina. La pobreza y la miseria de millones de católicos que viven en economías golpeadas por la globalización son demasiado evidentes como para que el clero las ignore. Incluso obispos que son conservadores en muchas cuestiones teológicas adoptan una actitud más liberal en política social, aportando una perspectiva distintiva del Tercer Mundo a la Iglesia universal.

Incluso así, los fieles de la antaño sólidamente católica región han estado desertando de la Iglesia en cantidades alarmantes para pasarse a iglesias protestantes, especialmente las del activo movimiento evangélico. Algunos conversos encuentran una experiencia espiritual más intensa, mientras que otros se sienten atraídos por la ética puritana de los evangélicos. A las mujeres les gusta la forma en la que los protestantes rechazaron el tradicional machismo latino en favor de relaciones más equilibradas entre los sexos. Brasil, el mayor país católico, es ahora protestante en un 20 por ciento, lo que le convierte en el tercer país del mundo protestante, después de Estados Unidos y Alemania. Los protestantes se están introduciendo también en otros países de América Latina, ayudados a veces por las ricas iglesias evangélicas norteamericanas y por Gobiernos que quieren debilitar la influencia social de los católicos.

Aunque sufre una gran escasez de sacerdotes, América Latina representa el 40 por ciento del catolicismo mundial y se perfila como el centro futuro de la Iglesia. Los cardenales de América Latina superan en número actualmente a los italianos en el Colegio Cardenalicio, por lo que no es raro que las especulaciones sobre el próximo Papa planteen inevitablemente la cuestión de si el pontífice siguiente no tendrá un apellido español o portugués.

## África

El catolicismo se expandió firmemente por el África negra durante el siglo XX, pasando de representar el 2 por ciento de la población en 1900, a suponer 17 por ciento al final del milenio. Los seminarios en países como Nigeria están llenos de candidatos al sacerdocio. El continente es también una región puntera en cuanto a conversiones, porque las religiones animistas locales están dando paso lentamente al monoteísmo del cristianismo y del islam. La rivalidad entre estas dos grandes religiones puede provocar confrontaciones sangrientas, tales como las que se produjeron en Nigeria en noviembre de 2002, con disturbios en los que murieron al menos 215 personas, a consecuencia de las protestas de los musulmanes por la celebración en el país del concurso de belleza para elegir a Miss Mundo.

Las iglesias locales de África se han visto implicadas en conflictos sangrientos, incluyendo denuncias de que los clérigos católicos y protestantes participaron, y a veces condujeron a los hutus, en la masacre de cientos de miles de integrantes de la minoría tutsi. A pesar de estos y otros problemas, miles de misioneros católicos y de trabajadores laicos continúan rigiendo hospitales, escuelas y clínicas a lo largo de África. Algunos líderes políticos locales han admitido que los sistemas de salud de sus países se colapsarían si no fuera por el trabajo incansable de la Iglesia y de sus miembros en África.

Transmitiendo el espíritu. Ordenación de un nuevo sacerdote
en la basílica de San Pedro. 21 de abril de 2002.
Paolo Cocco/Reuters

## Asia

Los católicos son una pequeña minoría en Asia, representando menos del 3 por ciento de la población total. Dos tercios de ellos viven en el único país mayoritariamente católico de la región, Filipinas. El resto vive muy a la sombra de las otras tres religiones principales —budismo, islamismo e hinduismo—, y oscila entre aparecer demasiado extraña, o tan nativa que pierda su identidad católica. Las conversiones son pocas, y la activa evangelización que promueve Juan Pablo II escandaliza a muchos asiáticos proclives al consenso.

La India, que cuenta ahora con más jesuitas que Estados Unidos, ha demostrado ser un suelo fértil para el nuevo pensamiento sobre las relaciones entre la cristiandad y otras religiones mundiales. Un teólogo, el jesuita belga Jacques Dupuis, desarrolló durante sus 36 años de labor misionera allí la visión de que el catolicismo no debería buscar

Bromeando con el bastón. Ciudad del Vaticano, 28 de noviembre de 2001. Paolo Cocco/Reuters

conversiones en Asia, sino unirse a otras Iglesias para descubrir de qué modo comparten todas la gracia y el amor de Dios. Cuando publicó un libro sobre esto en 1997, el Vaticano le prohibió enseñar y le acusó de argumentar que una religión era tan buena como otra. Después de una investigación de dos años, Dupuis reconoció que su libro contenía afirmaciones confusas. El antiguo cardenal de Viena, Franz König, un respetado ex director de la Oficina del Vaticano para los No Creyentes, defendió públicamente a Dupuis. «Mi corazón sangra cuando veo el daño que se hace al bien común de la Iglesia de Dios», dijo el estadista de la Iglesia, con 97 años.

## Próximos retos

Después de un pontificado tan largo como el de Juan Pablo II, la perspectiva de un nuevo Papa provoca invariablemente especulaciones sobre el futuro. Los liberales confeccionan mentalmente listas de lo que esperan ver puesto en práctica. Los conservadores piensan en los asuntos no completados que podría abordar otro pontífice ortodoxo. Gracias a la forma en que Juan Pablo II acabó con la norma de «abstenerse no italianos», cualquier católico que siga los acontecimientos de la Iglesia se pregunta de dónde procederá el próximo Papa. Sin embargo, la Iglesia católica como institución piensa en siglos, y sabe que tiene que mantener un equilibrio entre la tradición y la innovación.

Quienquiera que sea el sucesor de Juan Pablo II, tendrá que encarar varios frentes abiertos.

### Colegiabilidad

Dentro de una Iglesia tan vasta, una cuestión recurrente es la colegiabilidad para la descentralización de la toma decisiones desde el Vaticano a los obispos de todo el mundo. El obispo de Roma, que es tradicionalmente un *primus inter pares* (primero entre iguales), reina ahora como un monarca sobre todos los demás obispos. «Las oficinas centrales de la Iglesia, además de la preocupación por la unidad de la fe, tienen conceptos de liderazgo del siglo XIX», se ha quejado Küng. Los reformadores esperan que incluso los conservadores del Colegio Cardenalicio acabarán irritándose al ser «tratados como monaguillos» y accederán entonces a impulsar el péndulo de vuelta hacia una mayor descentralización. «Puede esperarse que su experiencia pastoral les muestre que tiene que haber un cambio», decía Curran.

Ésta podría ser una cuestión puramente administrativa, pero puede tener muchos efectos prácticos. En los años noventa, por ejemplo, la curia recuperó en la práctica de las conferencias episcopales el poder que el Vaticano II había otorgado a éstas para hacer ciertas adaptaciones de la liturgia. Esto supuso una lucha, que duró toda la década, entre la curia y los obispos de habla inglesa sobre el uso de un lenguaje no sexista en las oraciones (por ejemplo, «la Humanidad» en lugar de «los hombres» y «hermanos y hermanas» en lugar de «hermanos»). Roma finalmente lo rechazó, insistiendo en que la traducción se acercara más al latín original, para desilusión de las mujeres desbancadas por el sesgo masculino de la Iglesia.

El centralismo del Vaticano es también un problema para los teólogos que consideran que su labor de interpretar las escrituras es una función de investigación y desarrollo para la Iglesia. «Los teólogos tienen que aprender a utilizar la filosofía, el lenguaje y los métodos contemporáneos para explicar el Evangelio en el siglo XXI. Y eso requiere experimentación y riesgo —decía Reese—. Pero bajo Juan Pablo II —añadía—, el Vaticano contempla a estas personas de la misma forma que un ministerio de sanidad pública contempla una enfermedad contagiosa. Quiere erradicarla rápidamente antes de que se extienda, aislarla, y ponerla en cuarentena para que no se propague por la Iglesia».

Humo y fuego. Bendiciendo el altar con incienso el día de Año Nuevo, en la basílica de San Pedro. 1 de enero de 2002.
Dylan Martinez/Reuters

Una oración por la unidad cristiana. Con el arzobispo de Canterbury George Carey, en el Vaticano. 3 de diciembre de 1996. Paolo Cocco/Reuters

El Papa y sus partidarios consideran este punto de vista como parte del problema, y no como parte de la solución. Piensan que algunos disidentes se han convertido en favoritos de los medios y han hecho más daño que bien a la Iglesia. Como solución, Weigel ha hecho un llamamiento para que se produzca una concienzuda reforma de la educación teológica de los candidatos al sacerdocio, con el fin de contrarrestar lo que él llama «la temporada tonta» que dominó la educación católica, particularmente en los Estados Unidos, en las últimas décadas del siglo XX. «Por desgracia, el resultado es que demasiados seminaristas reciben enseñanzas sobre cómo analizar un texto de la tradición católica antes de haber aprendido la tradición», escribía.

## El celibato

El escándalo del abuso sexual de niños ha atraído inevitablemente la atención sobre el celibato, a pesar de que la Iglesia dice que no deberían ligarse ambos asuntos. Esta tradición se remonta a los primeros días de la cristiandad, y fue convertida en obligatoria legalmente para la Iglesia occidental en 1129. Los escépticos de dentro y de fuera de la Iglesia creen que el hecho de que los sacerdotes no se puedan casar ni practicar el sexo lleva a un comportamiento descarriado. Pero los muchos defensores del celibato dicen que esto es hacer una mala lectura de uno de los sellos

distintivos del catolicismo. Al poner de relieve que el mismo Jesús nunca se casó, la Iglesia valora el celibato como un regalo de Dios que otorga libertad a los sacerdotes para dedicar plenamente sus vidas a servirle, y cree que lo que lleva a los sacerdotes errados a abusar de otros sexualmente es el pecado personal, y no el celibato. «Acusar al celibato de los problemas de abusos sexuales es tan poco lógico como acusar del adulterio al voto nupcial o acusar de traición al Pacto de la Alianza», escribe Weigel.

En la Iglesia católica hay sacerdotes casados, principalmente en los ritos orientales diferenciados, que han permitido desde hace mucho tiempo la ordenación de hombres casados. La Iglesia ha ordenado también a un pequeño número de antiguos anglicanos y episcopalianos que dejaron sus Iglesias para protestar contra la ordenación sacerdotal de las mujeres en ellas. Pero es difícil de imaginar una decisión que pueda abolir el celibato o que incluso lo haga opcional en un futuro previsible. Un área donde se podría producir un movimiento sería en la ordenación de los llamados *viri probati*, que es la expresión latina para «hombres de comportamiento probado». Se trataría de hombres casados piadosos que se encuentren en una edad mediana o superior. En 1995, una reunión de consejos sacerdotales de toda Europa urgió a Roma para que abriera el sacerdocio a estos *viri probati*.

Los problemas del celibato y del abuso sexual de los niños se han complicado más por la cuestión de los curas homosexuales. Aquí es esencial la claridad conceptual. Aunque a menudo se llama pedófilos a los sacerdotes que abusan de los chicos, la etiqueta no se ajusta realmente a la mayor parte de ellos, porque la mayoría no han abusado de prepúberes. Hablando estrictamente, sus actos constituyen homosexualidad, y no abuso de niños. De hecho, los pedófilos más genuinos son heterosexuales, y el delito se produce principalmente dentro de las familias. La cuestión aquí es si los hombres homosexuales pueden observar el celibato tan fielmente como los heterosexuales.

Juan Pablo II ha dicho que la Iglesia debe asegurar que no se acepten en las órdenes sagradas a hombres con deseos desviados. Si esto significa rechazar a los homosexuales, podría haber problemas. Ya hay homosexuales en el sacerdocio. «El principal argumento en favor de la ordenación de hombres homosexuales es mucho más convincente que el argumento contra ella (principalmente, el ejemplo de la vida real de miles de sacerdotes y obispos homosexuales, sanos y grandes trabajadores) —dice Reese—. Estos hombres llevan vidas centradas en Cristo y en el servicio a la Iglesia, celebran los sacramentos, dirigen parroquias, escuelas y diócesis, y realizan todas las tareas propias del ministerio cristiano».

Para apoyar la visión opuesta, el padre Andrew Baker, miembro de la Congregación para los Obispos, del Vaticano, escribió en la revista *América*, de Reese, que las tendencias homosexuales eran «aberraciones», y que la atracción por personas del mismo sexo era «desordenada». «Esto sería suficiente para que el factor se incluyera entre los que plantean "dudas prudentes", las cuales el derecho eclesiástico requiere a los directores de los seminarios tener en cuenta a la hora de admitir candidatos», escribió. El obispo Wilton Gregory, presidente de la Conferencia Episcopal de Estados Unidos, ha expresado su preocupación porque los hombres heterosexuales rechazaran optar por el sacerdocio si hubiese una excesiva « atmósfera homosexual» en los seminarios.

## Las mujeres y el laicismo

Después de la revolución sexual, del feminismo y de la creciente igualdad en el campo de la educación y en el trabajo, algunos católicos de los países desarrollados se quejan de que la Iglesia se haya creado un techo de cristal al prohibir a las mujeres ser sacerdotes. No es que haya un sentimiento general de las mujeres clamando por la ordenación, y muchas mujeres de todo el mundo no la quieren ni para ellas ni para otras mujeres, pero el Gobierno exclusivamente masculino puede irritar, especialmente en los países occidentales, que cuentan con activos movimientos de liberación de la mujer. En los países del norte de Europa, las encuestas de opinión ponen de manifiesto que una mayoría de los laicos, tanto hombres como mujeres, no tendría problema alguno con el hecho de que hubiese mujeres sacerdotes. Ese punto de vista dista mucho de ser el que prevalece en países tradicionalmente católicos, como Italia, España y los de América Latina.

Juan Pablo II está convencido de que él no puede cambiar algo que el mismo Cristo estableció al elegir sólo a hombres entre sus doce apóstoles. La Iglesia enseña que se trató de una decisión divina, no de un simple reflejo de la prevalencia del varón en la sociedad en el tiempo de Jesús. «Declaro que la Iglesia no tiene autoridad alguna para conferir la ordenación sacerdotal a las mujeres, y que este juicio debe ser mantenido definitivamente por todos los fieles de la Iglesia», declaró en 1994, en un intento de cerrar el debate oficialmente. Pero, a pesar de esa seria declaración, el debate no ha muerto.

Incluso el antiguo cardenal de Milán, Carlo María Martini, que durante años fue el candidato soñado por los liberales para el papado, se muestra cauteloso en el tema de la ordenación de las mujeres. «Si la Iglesia católica tuviera que

El saludo al jefe. Un guardia suizo saluda al Papa. 22 de mayo de 2001. Paolo Cocco/Reuters

admitir sacerdotes mujeres, podríamos encontrarnos de repente con divisiones cien veces peores que las de Lefebvre —dijo en una ocasión, refiriéndose al arzobispo francés excomulgado en 1988 y cuyo movimiento tradicionalista reunió alrededor de 150.000 seguidores—. El Papa tiene que preocuparse de mantener unido a su gran rebaño con todas sus opiniones diferentes.»

Sin embargo, el inmovilismo en cuanto al papel de las mujeres podría suponer otro riesgo: «La Iglesia tiene que cuidar extremadamente que las mujeres no se hagan anticlericales, porque, entonces, estaríamos ante un problema real», decía Reese. Como madres y profesoras, las

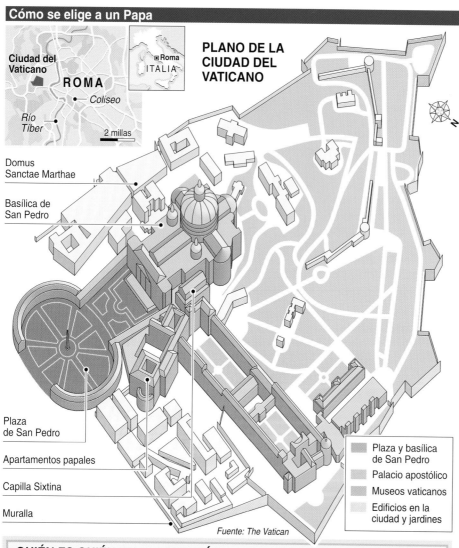

**Ciudad del Vaticano**

**ROMA**

• Coliseo

Río Tíber •

2 millas

■ Roma
ITALIA

**PLANO DE LA CIUDAD DEL VATICANO**

N

Domus Sanctae Marthae

Basílica de San Pedro

Plaza de San Pedro

Apartamentos papales

Capilla Sixtina

Muralla

Plaza y basílica de San Pedro

Palacio apostólico

Museos vaticanos

Edificios en la ciudad y jardines

*Fuente: The Vatican*

**① Muerte del Papa**
El camarlengo verifica y anuncia la muerte del Papa, sella los apartamentos papales, y dispone que se destruyan el anillo y el sello papal. Prepara el entierro del Papa y los tradicionales nueve días de luto. El entierro tiene lugar entre el cuarto y el sexto día después de la muerte. Los Papas suelen enterrarse en la basílica de San Pedro.

**② Preparativos para la elección**
La elección se realiza mediante votaciones secretas en la Capilla Sixtina, entre quince y veinte días después de la muerte del Papa. Los cardenales, que han tenido que venir de todo el mundo y entran en el cónclave vaticano para la elección, son aislados del mundo exterior y deben jurar secreto. Se trasladan desde sus habitaciones en el Domus Sanctae Marthae al palacio apostólico para el proceso de votación.

**③ El proceso electoral**
La elección se realiza mediante voto secreto y escrito en la Capilla Sixtina. Todos los cardenales reciben una papeleta de votación en la que escriben el nombre de su candidato. Después de doblarla, llegan al altar para depositar su papeleta en un cáliz. Después se cuentan los votos y se queman las papeletas, produciendo la famosa *fumata*. Se añaden productos químicos para hacer que sea negra o blanca.

**④ El resultado**
Los cardenales votan la tarde del primer día, y después dos veces cada mañana y una cada tarde, hasta que se consiga un resultado. El candidato que sea elegido Papa debe recibir más de los dos tercios de los votos. Si se producen 30 elecciones sin resultado, los cardenales pueden elegir por mayoría simple. Las papeletas finales se queman, y la *fumata* blanca que sale del Vaticano muestra a un mundo expectante que se ha elegido un nuevo Papa.

**⑤ El nuevo Papa**
El decano de los cardenales pregunta al candidato que ha salido elegido si acepta la elección y cuál es el nombre por el que desea ser llamado como Papa. Cuando el candidato acepta, un cardenal sale al balcón principal del Vaticano y declara al mundo *«Habemus Papam»* («tenemos Papa»).

## QUIÉN ES QUIÉN EN LA ELECCIÓN

**Camarlengo**
La cabeza del Colegio Cardenalicio, responsable del gobierno de la Iglesia durante el interregno. Asistido por tres cardenales, dirige la elección del nuevo Papa.

**Colegio Cardenalicio**
Asume la responsabilidad del día a día de la Iglesia y elige al nuevo Papa. Pueden votar todos los cardenales menores de 80 años, hasta un máximo de 120.

**Cardenales asistentes**
Del conjunto de los cardenales electores se elige a tres cardenales para que actúen como asistentes en el proceso de votación. Cada tres días se eligen tres nuevos asistentes.

**¿Quién puede ser elegido?**
Aunque hace muchos siglos que sólo se ha elegido Papa entre los cardenales, en teoría, cualquier adulto varón católico romano es un candidato potencial al papado.

mujeres desempeñan un papel clave a la hora de transmitir la fe a la siguiente generación de católicos, quizás más que los sacerdotes, que sólo predican durante 10 minutos los domingos. Esa correa de transmisión se ha roto en las últimas décadas, desde el momento en que algunas mujeres se han desencantado cada vez más con una Iglesia que ellas consideraban sorda a sus peticiones. Los jóvenes católicos pueden parecer notablemente ignorantes en lo que se refiere a su Iglesia. Los curas cuentan tristemente el chiste de que muchos piensan que el Vaticano II es la residencia de verano del Papa. Algunas de las mujeres que se alejan de una Iglesia que encuentran sexista también dejan de educar a sus hijos en la fe. Muchas otras continúan transmitiendo la fe, a pesar de sus diferencias con la jerarquía. Las actitudes del pueblo llano son importantes, porque las familias católicas son los viveros principales en los que crecen las vocaciones católicas. Estas guarderías tienen que estar bien atendidas a largo plazo, con independencia de los debates del día a día, de manera que la Iglesia pueda esperar futuras generaciones de sacerdotes.

Permitir que las mujeres sean ordenadas diáconos, o asistentes laicas de los sacerdotes, podría ser un gran paso hacia la elevación de su estatus en la Iglesia. Las mujeres laicas ya hacen buena parte del trabajo detrás del telón en muchas parroquias, desde enseñar el catecismo a organizar cenas de captación de fondos, sin tener ningún papel oficial en la Iglesia. El Vaticano ha estudiado la cuestión de las mujeres diáconos durante años, pero no parece verse ningún cambio en lontananza.

La cuestión de las mujeres está unida a la cuestión del papel que deberían jugar los laicos en la Iglesia. Después de siglos en los que la Iglesia se identificaba con la jerarquía y los clérigos, el Vaticano II la redefinió como «el pueblo de Dios», y animó a los fieles a desempeñar un papel activo en sus parroquias. Esto ha tenido un éxito variable a nivel local. En las consultas nacionales, la voz de los laicos pide a veces reformas que el Vaticano dice que no forman parte de la tradición católica. El movimiento Nosotros Somos la Iglesia, que comenzó en Austria y Alemania en los años noventa, pretende tener lazos ahora con 127 grupos católicos liberales en 27 países. Grupos laicos conservadores, como la Ligas Católicas con base en Estados Unidos, creen que el problema lo originan los liberales. La Liga Católica, por ejemplo, ha emprendido una batalla con los proabortistas Católicos por una Libre Elección, una organización a la que califica como «anticatólica» y de la que dicen que no merece ninguna legitimidad ni atención por parte de los medios de comunicación.

## La moral sexual

El abismo actual entre la jerarquía de la Iglesia y los laicos se abrió en 1968 en torno a cuestiones relacionadas con el control de la natalidad. Después de que la píldora anticonceptiva rompiese el vínculo entre sexo y procreación, expertos elegidos por el Vaticano estudiaron el problema del control de natalidad y no encontraron ninguna razón doctrinal para condenarlo. El papa Pablo VI estuvo indeciso hasta el último minuto y después decidió legislar en contra de esas conclusiones, publicando la encíclica *Humanae Vitae*, que prohibía la contracepción. Muchos laicos de todo el mundo rechazaron la encíclica. Los sacerdotes liberales la criticaron abiertamente. Fue una gran ocasión perdida para que los católicos fueran juntos con su jerarquía en los tiempos modernos, y abrió una grieta en los gruesos muros de obediencia que habían caracterizado a la Iglesia hasta entonces.

En los años siguientes, la moral sexual se convirtió en un problema ante el cual muchos católicos estuvieron de acuerdo en disentir de su Iglesia. Es difícil decir cuántos siguieron al Vaticano en la cuestión del control de la natalidad, pero el declive de la tradicional gran familia católica en muchos países occidentales es una prueba elocuente de que muchos no le siguieron. Muchos sacerdotes evitan predicar sobre la moral sexual desde el púlpito, tanto porque saben que tienen poca credibilidad en esta cuestión, como porque no tienen el coraje de afrontarla. Juan Pablo II ha predicado vigorosamente las virtudes de la castidad prematrimonial y la de planificación natural de la familia. Las encuestas de opinión dicen que ha conseguido poco progreso. Una encuesta de 1998 puso de manifiesto que el apoyo a la visión de la Iglesia de que el sexo prematrimonial es siempre malo cayó al 30 por ciento en Irlanda, y a menos del 20 por ciento en Estados Unidos, Polonia e Italia.

Esto es una derrota para la jerarquía, pero no es realmente una victoria para los laicos. Las nuevas libertades sexuales han traído nuevos problemas y la necesidad de una guía que la gente pretende que sea proporcionada por las iglesias. Por ejemplo, la ciencia moderna no sólo ha desarrollado el control de la natalidad; también ha encontrado nuevas formas de crear vida, tales como la inseminación artificial y la fertilización *in vitro*, que ofrecen esperanzas a las parejas sin hijos que desean fundar una familia. Pero el Vaticano se ha opuesto a muchas de estas opciones, y algunos creyentes se encuentran sumidos en un dilema. Los católicos se identifican instintivamente con el respeto tradicional de su

Iglesia a la vida, al amor y a la familia. Muchos también tienden a ser precavidos cuando se enfrentan a las confusas y nuevas opciones que presenta la ciencia. Pero algunos piensan que «limitarse a decir no» ya no es una respuesta suficiente a sus preguntas.

Otro problema en el que aumenta la presión para el cambio es el del divorcio. Los católicos que se divorcian ya no pueden recibir la comunión en la misa y no se les permite volver a casarse por la iglesia. En los países occidentales, donde el divorcio entre parejas católicas es cada vez más frecuente, esto significa que muchas personas, que de otra forma serían fieles, se sienten proscritas e indeseadas. Tres obispos alemanes, incluido el presidente de la conferencia episcopal nacional, Lehmann, redactaron unas directrices en 1993 para cambiar las reglas, pero el Vaticano las rechazó.

## La tolerancia religiosa

Como puso de manifiesto la cumbre de Asís, la Iglesia no había tenido probablemente nunca un Sumo Pontífice tan abierto a la cooperación con otras religiones como Juan Pablo II. Su encíclica de 1995 *Ut Unim Sint,* invitaba audazmente a todas las iglesias cristianas a discutir de qué forma el papado, que las ha dividido durante tanto tiempo, se podía utilizar para volverlas a unir. El Papa ha conseguido arreglar algunas diferencias doctrinales con los luteranos que se remontaban a la misma Reforma, y estaba consiguiendo progresos con los anglicanos hasta que éstos decidieron ordenar a mujeres. Dijo a los judíos que creía que su pacto con Dios seguía siendo válido, lo que era un gran cambio en el punto de vista tradicional de la Iglesia en el sentido de que se tenían que convertir para salvarse. Juan Pablo II comenzó acercándose a los musulmanes al principio de su papado. «Los cristianos y los musulmanes nos hemos entendido mal generalmente. En algunos momentos del pasado nos hemos enfrentado, e incluso agotado, en polémicas y guerras. Creo que Dios nos está llamando hoy para que cambiemos nuestros viejos hábitos», dijo durante una visita a Casablanca, Marruecos, en 1985. Dieciséis años más tarde, en Damasco, se convirtió en el primer Papa que visitó una mezquita.

Todos estos actos fueron bien acogidos en tanto que signos de respeto largamente esperados a las más profundas creencias de otras personas. Pero algunas afirmaciones del departamento doctrinal del Vaticano en los últimos años han incluido lo que los críticos llaman un «complejo de superioridad católico» que se contradice con algunas de las actuaciones de Juan Pablo II. En 1998, al argumentar que el magisterio no infalible del Papa concernía también a los no católicos, el cardenal Ratzinger, ilustraba este punto al señalar que las ordenaciones de mujeres en la comunión anglicana no eran válidas. El clero anglicano se sintió herido por la afirmación. El problema mayor se produjo en septiembre de 2000, cuando Ratzinger publicó un documento titulado *Dominus Iesus* en el que se decía que otras religiones y confesiones eran «gravemente deficientes». Aunque pretendía oponerse a una aparente tendencia hacia el relativismo religioso en Asia, este documento tan severamente redactado ofendía a los no católicos, que sentían que se les relegaba a las filas de cristianos de segunda clase.

Este lenguaje descortés puede confundir también a los católicos. Los católicos de todo el mundo viven en sociedades donde el respeto a otras personas y religiones se ha convertido en un modo diario de vida, e incluso en un deber cívico. Por ejemplo, la migración ha llevado a Europa Occidental y a Norteamérica a musulmanes en tan gran número que el islam es ahora la segunda religión en cuanto a número de fieles en países tradicionalmente católicos, como Francia e Italia. El ejemplo de tolerancia de Cristo es una poderosa inspiración para que los cristianos se abran a sus nuevos vecinos. Pero muchos vieron *Dominus Iesus* como algo que iba contra el espíritu de los tiempos.

## ¿El Vaticano III?

Ante tantos problemas evidentes, los liberales de la Iglesia están tentados a sondear la posibilidad de un nuevo concilio —un Vaticano III— para recuperar el ritmo de la reforma. El cardenal de Milán, Martini, lanzó la idea precavidamente en 1999, y el cardenal Lehmann la secundó en Alemania un año después. La revista católica francesa *La Vie* publicó una encuesta en el 2000, diciendo que nueve de cada diez católicos practicantes de Francia querían que se convocara un nuevo concilio. Entre los muchos temas decían que deberían tratarse estaba el celibato (58%), el lugar de los laicos y de las mujeres en la toma de decisiones (45%), un replanteamiento del ecumenismo (43%), el diálogo interreligioso (41%) y el estatus de las personas divorciadas en la Iglesia (27%).

Pero, ¿qué podría conseguir un Vaticano III? No hay garantías de que otro concilio estuviese tan orientado a la reforma como lo estuvo el último. Los conservadores de la Iglesia, que se vieron sorprendidos por la audacia del Vaticano II, no aceptarían otra gran revisión de la política de la Iglesia sin tener una agenda clara de la forma de promover sus propios puntos de vista. Como señaló el cardenal Walter Kasper, un prelado alemán que piensa que vale la pena considerar la posibilidad de un nuevo concilio, «un argumento contra un nuevo concilio es que ni siquiera hemos digerido el último».

## La visión desde el banco de la iglesia

Los retos a las que se enfrenta la Iglesia católica no van a ser fáciles de afrontar. El sucesor de Juan Pablo II tendrá que enfrentarse a las cuestiones citadas y a otras muchas para asegurar que la Iglesia se adapta a su tercer milenio. Sin embargo, es probable que el nuevo Papa haga lo que haga, lo realice a un paso medido, como conviene a la institución más antigua del mundo, continuamente en marcha. En sus 2000 años, el catolicismo ha sobrevivido a la persecución de los romanos, al gran cisma del siglo XI que dividió a la cristiandad entre los ritos oriental ortodoxo y occidental romano, y a la Reforma del siglo XVI, que dividió a la cristiandad occidental en católicos y protestantes. Los Papas, que fueron soberanos de gran parte de Italia y que influyeron en las casas gobernantes de Europa, reinan ahora sólo sobre la pequeña ciudad estado del Vaticano. Entre los pontífices ha habido santos y pecadores, hombres sencillos y piadosos e inteligencias eminentes, introvertidos «prisioneros del Vaticano» y carismáticos trotamundos, como Juan Pablo II. Pero la institución perdura, con todos sus fallos humanos.

Perdura porque los católicos contemplan la inspiración que hay más allá de la institución. Entre las crisis acuciantes y los acalorados debates, un gran número de católicos de todo el mundo siguen asistiendo a misa, respetan a sus curas y siguen las enseñanzas de la Iglesia lo mejor que pueden. Los católicos, religiosos y laicos, dirigen vastas redes de escuelas, hospitales, servicios sociales y publicaciones destinadas a servir a los demás en este mundo. Todo esto sucede porque, para el fiel que se sienta en el banco de la iglesia el domingo, la Iglesia es, sobre todo una comunidad en la que puede vivir su fe, expresar sus preocupaciones y compartir sus alegrías. Es en ella donde oye el mensaje de Jesucristo, de que Dios es amor y de que amar a Dios y al semejante es el camino de la salvación. Y ahí es donde todas están de acuerdo plenamente con el papa Juan Pablo II, con independencia de lo puedan pensar sobre los debates enconados en el seno de la Iglesia.

## Con sus propias palabras

«Una nación que mata a sus propios hijos no tiene futuro» (lanzando un grito a sus compatriotas en 1996, cuando el parlamento de Polonia estaba dominado por antiguos comunistas que abogaban por el aborto libre. El movimiento para liberalizar el aborto fracasó al declararlo ilegal el tribunal constitucional).

«Desde que era pequeño fui un gran excursionista. Después me convertí en un gran viajero, y espero continuar siéndolo» (respondiendo a un joven que le preguntó en una parroquia de Roma en 1996 por qué no podía estarse quieto).

«A veces me preguntaría a mí mismo: "Tantos jóvenes de mi edad están perdiendo la vida. ¿Por qué no yo?" Hoy sé que no fue sólo cuestión de suerte», (reflexiones publicadas en 1996 sobre sus días de juventud en la Polonia ocupada por los nazis durante la Segunda Guerra Mundial).

«La gente tiene que saber que no hay lugar en el sacerdocio y en la vida religiosa para los que causan daño a los jóvenes» (dirigiéndose a los cardenales de Estados Unidos, durante una reunión de crisis, en abril de 2002, en torno a los escándalos sexuales con niños, en los que se vieron implicados sacerdotes de Estados Unidos).

«¡Nunca más la violencia! ¡Nunca más la guerra! ¡Nunca más el terrorismo! En el nombre de Dios, que toda religión aporte a la tierra justicia y paz, perdón y vida. Amor» (dirigiéndose a  los asistentes a una reunión especial sobre la paz en Asís, Italia, en 2002, después del ataque del 11 de septiembre de 2001 contra Estados Unidos).

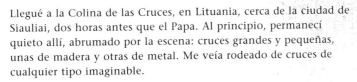

## La Colina de las Cruces, 7 de septiembre de 1993

### Por Thomas Szlukovenyi

Llegué a la Colina de las Cruces, en Lituania, cerca de la ciudad de Siauliai, dos horas antes que el Papa. Al principio, permanecí quieto allí, abrumado por la escena: cruces grandes y pequeñas, unas de madera y otras de metal. Me veía rodeado de cruces de cualquier tipo imaginable.

La leyenda dice que la colocación de cruces allí data del siglo XIII. La Colina de las Cruces se convirtió en un símbolo señero del desafío lituano frente a la opresión de los invasores extranjeros. Antes de que Lituania fuera independiente, las fuerzas de seguridad soviéticas destruyeron repetidamente las cruces. Pero volvieron a aparecer nuevos bosques de cruces.

Había un patetismo particular en una peregrinación a este lugar por parte de un Papa de Polonia que había luchado también contra la opresión en su propia tierra, al otro lado de la frontera.

Estaba decidido a captar esta extraordinaria imagen asegurándome la mejor posición posible, tratando de adivinar la ruta que seguiría el Papa en su camino hacia lo alto de la colina. Decidí que la mejor fotografía la podría tomar al pie de la misma, donde podía captar una masa de cruces mientras caminaban entre ellas el Papa y su séquito. Me deslicé entre un cubo de basura y un policía poco colaborador y me pasé las dos horas siguientes pensando si había elegido bien o no. La mayor parte de los otros fotógrafos optaron por ángulos distintos.

Cuando el Papa llegó y comenzó a caminar hacia la histórica colina, salió el sol, situando toda la escena a contraluz. Manteniendo un ojo atento al Papa que se aproximaba, ajusté la cámara frenéticamente a las nuevas condiciones y lo hice justo a tiempo para tirar dos tomas, exactamente como había planeado. Lo que los fotógrafos llaman luz de contraste dio a la escena incluso un dramatismo mayor. Hice las fotos y esperé lo mejor.

Para mi inmenso alivio, la película estaba bien cuando regresé a Vilnius, y la foto se envió a Londres para ser distribuida por todo el mundo. Me fui a la cama esa noche sabiendo que había conseguido una foto que iba recordar durante mucho tiempo. Esperaba que las personas que la vieran la recordaran también.

El papa Juan Pablo II camina por la Colina de las Cruces hacia el lugar de celebración de una misa al aire libre en Siauliai, Lituania. Los lituanos erigieron miles de cruces como desafío al régimen comunista soviético. 7 de septiembre de 1993.
Tom Szlukovenyi/Reuters

En el Vaticano, el 8 de agosto de 2001.
Vincenzo Pinto/Reuters

El Día del Juicio. Sentado bajo el fresco del *Juicio Final* de Miguel Ángel en la apertura de la restaurada Capilla Sixtina. 11 de diciembre de 1999.
Paolo Cocco/Reuters

Cristo y su vicario. Roma,
20 de agosto de 2000.
Vincenzo Pinto/Reuters

Visiones concéntricas. Los obispos rodean al Papa
al comienzo de un sínodo. Basílica de San Pedro, 1994.
Luciano Mellace/Reuters

Una bienvenida especial al mundo. Bautizando a Faustine
Frichof, de Francia, en la Capilla Sixtina. 13 de enero de 2002.
Dylan Martinez/Reuters

El peso de la Cruz. Durante la procesión del Vía Crucis el
Viernes Santo, en el Coliseo de Roma. 13 de abril de 2001.
Dylan Martinez/Reuters

Un paseo por el bosque. Les Combes, Italia, 16 de julio de 2000. Claudio Papi/Reuters

El Papa charla con el presidente del Gobierno español,
José María Aznar en la biblioteca privada del Vaticano, 27 de
febrero de 2003. Fotografía del Vaticano/Reuters

Sobre las nubes. Asís, Italia, 3 de enero de 1998.
Paolo Cocco/Reuters

# Editor

### Philip Pullella

Philip Pullella ha sido corresponsal de Reuters en Roma desde 1983. Llegó a Italia en 1979 como becario de la Fundación Agnelli para periodistas italo-americanos. Ha acompañado al papa Juan Pablo II en más de 70 viajes al extranjero y en muchos por Italia. Durante los últimos 20 años ha cubierto para Reuters, en Roma, también la situación política, los desastres naturales y la cultura de Italia. Hijo de inmigrantes italianos, creció en Manhattan y estudió en la Universidad de Boston, donde se licenció en Periodismo.

# Corresponsales

### Alan Elsner

Nacido en Londres, Elsner emigró a Israel en 1977. Fue el primer corresponsal permanente de Reuters en Jerusalén, desde 1983 a 1985; fue corresponsal jefe de los países nórdicos (1987-1989), corresponsal en el Departamento de Estado (1989-1994), corresponsal jefe de Política de Estados Unidos (1994-2000) y corresponsal nacional de Estados Unidos (de 2000 hasta el presente).

### Tom Heneghan

Durante 25 años, Heneghan ha escrito sobre política, economía, religión y guerra de más de 30 países. Sus mejores trabajos incluyen la caída del Muro de Berlín, la guerra de Afganistán y el conflicto de Kosovo. Nacido en 1951 y educado por los jesuítas en Nueva York, se formó como aprendiz con la agencia en 1977 y desde entonces ha informado desde Londres, Viena, Génova, Islamabad, Bangkok, Hong Kong, Bonn y París. Actualmente es corresponsal jefe de Política en Francia con sede en París.

### Sean Maguire

Sean Maguire ha pasado la última década cubriendo la caída de Yugoslavia y la expansión de la democracia y de la economía de mercado en Europa del Este. Escocés, educado en los jesuitas, ha residido en Varsovia desde 1998, como corresponsal jefe en Polonia y luego como editor para el centro y el este de Europa. Informó de los viajes del Papa a Polonia en 1999 y agosto de 2002, y de la primera visita del Papa a Bulgaria en mayo de 2002.

### Howard Goller

Viceeditor de la sección mundial de Reuters en Londres, fue reportero de guerra y de paz durante 18 años en la línea del frente israelí-palestino; en Israel fue subdirector de la oficina de Reuters y presidió la Asociación de Corresponsales Extranjeros. Formado en la Universidad Northwestern y en la Universidad de Yale, es también profesor de periodismo.

### Paul Holmes

Holmes trabajó en Roma de 1987 a 1989. Volvió como corresponsal jefe de 1994 a 1997 y durante ese tiempo acompañó al Papa en varios viajes al extranjero. Ha informado desde 40 países y ha cubierto los acontecimientos políticos más importantes de Europa y Oriente Medio. Es editor de Reuters de Política e Información general y vive en Nueva York.

### Frances Kerry

Kerry ha sido corresponsal en la oficina de Miami desde el año 2000. Con anterioridad, trabajó para Reuters en Washington, La Habana, París, Nairobi, Madrid, Nueva Delhi y Londres.

### Luciano Mellace

Luciano Mellace, de 72 años, es uno de los fotógrafos de noticias más respetados de Italia. Empezó trabajando para Reuters en 1985. Cubrió cinco papados, y cuando se jubiló, en 1996, el Vaticano le concedió la medalla "Pro Ecclesia et Pontifice", siendo uno de los pocos que la ha recibido sin ser empleado del Vaticano.

### David Storey

Storey ha sido corresponsal de Reuters en Varsovia a comienzos de los ochenta y cubrió dos viajes del Papa a su tierra natal. Ha trabajado en más de cuarenta países como corresponsal de asuntos exteriores y seguridad nacional. Actualmente está afincado en Washington, D.C.

### Thomas Szlukovenyi

Thomas Szlukovenyi nació en Budapest, Hungría, en 1951. Entró en Reuters en Viena en 1990 como fotógrafo para Europa del Este y pasó a ser jefe de fotógrafos en la antigua Unión Soviética en 1993, con base en Moscú. Se trasladó a Londres como editor encargado y fotógrafo senior para Europa en 1996. Después se convirtió en viceeditor gráfico en Singapur. En agosto de 2000, Szlukovenyi fue nombrado editor de noticias gráficas para Asia.

## Reporteros gráficos

### Mike Tyler

Trabaja como freelance para Reuters New Graphics en Londres desde 1997. Tyler ha estudiado Diseño Gráfico en la Universidad John Moores, en Liverpool, y ha desarrollado proyectos de identidad corporativa antes de crear Mapstyle; un servicio de diseño de mapas por encargo, en 1994.

## Investigador

### David Cutler

David Cutler es investigador senior en la Unidad de Documentación Editorial de Reuters en Londres. Nacido en Glasgow, se licenció en Ciencias de la Información y empezó su carrera como ayudante en el Museo Imperial de la Guerra de Londres. En 1980, entró como investigador en la BBC, prestando apoyo a los realizadores de programas. Comenzó su carrera en Reuters en 1987, formando parte del equipo de la Unidad de Documentación Editorial en 1990. La unidad, dirigida por David Cutler, proporciona información y documentación para los periodistas de Londres y para las oficinas de todo el mundo.

# Fotógrafos

Jim Bourg

Will Burgess

Andy Clark

Paolo Cocco

Bogdan Cristel

Jack Dabaghian

Alexander Demianchuk

Zoraida Diaz

Dimitar Dilkoff

Eric Gaillard

Paul Hanna

Gary Hershorn

Jim Hollander

Yiorgos Karahalis

Pawel Kopczynski

Reinhard Krause

Jerry Lampen

Mal Langsdon

Havakuk Levison

Santiago Lyon

Dylan Martinez

Nancy McGirr

Luciano Mellace

Claudio Papi

Alessia Pierdomenico

Vincenzo Pinto

Oleg Popov

Max Rossi

Oscar Sabetta

Mona Sharaf

Radu Sigheti

Tom Szlukovenyi

Mario Tapia

Arthur Tsang

Leszek Wdowinski

Rick Wilking

Andrew Winning